UNIVERSITÉ DE PARIS — FACULTÉ DE DROIT

DU

CONCOURS FINANCIER EXTRAORDINAIRE

DE L'ÉTAT

DANS L'EXÉCUTION DES TRAVAUX PUBLICS AUX COLONIES

(Non compris l'Algérie et la Tunisie)

THÈSE POUR LE DOCTORAT

Présentée et soutenue le mercredi 20 décembre 1899, à 1 heure

PAR

E. BOUVARD

AVOCAT

Président : M. LÉVEILLÉ, *professeur.*
Suffragants { MM. ALGLAVE, *professeur.*
ESTOUBLON, *professeur.*

PARIS

LIBRAIRIE DE LA SOCIÉTÉ DU RECUEIL G^{al} DES LOIS ET DES ARRÊTS

FONDÉ PAR J.-B. SIREY, ET DU JOURNAL DU PALAIS

ANCIENNE M^{on} L. LAROSE & FORCEL

22, RUE SOUFFLOT, 22

L. LAROSE, DIRECTEUR DE LA LIBRAIRIE

1899

DU
CONCOURS FINANCIER EXTRAORDINAIRE
DE L'ÉTAT
DANS L'EXÉCUTION DES TRAVAUX PUBLICS AUX COLONIES
(Non compris l'Algérie et la Tunisie)

THÈSE POUR LE DOCTORAT

Présentée et soutenue le mercredi 20 décembre 1899, à 1 heure

PAR

E. BOUVARD

AVOCAT

Président : M. LÉVEILLÉ, *professeur.*
Suffragants { MM. ALGLAVE, *professeur.*
ESTOUBLON, *professeur.*

PARIS

LIBRAIRIE DE LA SOCIÉTÉ DU RECUEIL Gᵃˡ DES LOIS ET DES ARRÊTS

FONDÉ PAR J.-B. SIREY, ET DU JOURNAL DU PALAIS

ANCIENNE Mᵒⁿ L. LAROSE & FORCEL

22, RUE SOUFFLOT, 22

L. LAROSE, DIRECTEUR DE LA LIBRAIRIE

1899

DU

CONCOURS FINANCIER EXTRAORDINAIRE DE L'ÉTAT

DANS L'EXÉCUTION DES TRAVAUX PUBLICS AUX COLONIES

(Non compris l'Algérie et la Tunisie)

CHAPITRE PREMIER

Nécessité d'un empire colonial pour les peuples du xixe siècle. — Il faut se ménager des débouchés et des marchés d'approvisionnement pour l'avenir. — Avantages que présentent et peuvent présenter les colonies à ce point de vue. — Nécessité des travaux publics. — Empire colonial de la France : il est suffisant et il faut le mettre en valeur. — Dans quelle mesure et comment la Métropole va-t-elle contribuer à cette mise en valeur.

Dans les trois derniers quarts du xixe siècle, la France s'est créé un empire colonial nouveau en ajoutant de vastes domaines aux débris des possessions qu'elle s'était acquises au xviie siècle et qu'elle avait perdues au xviiie.

Cette politique coloniale satisfaisait aux désirs d'expansion intellectuelle et morale de la race française;

les traités de 1815 avaient ramené la France en Europe aux limites de son territoire du 1ᵉʳ janvier 1792 et les puissances continentales lui avaient fermé jalousement en Belgique, sur le Rhin, en Suisse et en Italie les portes par lesquelles auraient pu passer ses idées de propagande et son influence.

De plus en plus réduite à elle-même sur le continent, de plus en plus contenue dans ses frontières par des états nationaux et unifiés qui s'étaient constitués à côté d'elle, la France a compris qu'il lui fallait chercher ailleurs le terrain de « la plus grande France » et porter au delà des mers avec une nouvelle confiance le théâtre de son action.

Ce besoin se trouva bientôt fortifié par des considérations matérielles et les nécessités morales furent singulièrement confirmées par des nécessités d'ordre économique. On comprit que les colonies étaient des magasins d'approvisionnement pour les matières premières et aussi des débouchés pour les produits fabriqués. A la faveur des découvertes scientifiques, la société moderne assistait au développement de l'industrie et en même temps, par un phénomène parallèle, de plus en plus se manifestait la tendance de chaque peuple à se suffire à lui-même et à fabriquer chez lui ce dont il avait besoin (¹).

(¹) L'Angleterre même, la terre née du libre échange, semble abandonner ses principes. Les conférences tenues à Londres lors du Jubilé de la reine en sont la preuve.

La production augmentait et les clients des marchés se réservaient de plus en plus chacun pour sa nation.

Ainsi s'explique le grand mouvement colonial au XIX_e siècle. Les colonies assurent à la Métropole un marché réservé et de nouveaux clients, en même temps qu'elles ouvrent au travail et au capital un vaste champ d'activité, tout en assurant par le mouvement des échanges le développement de la marine marchande et du commerce.

La nécessité d'une expansion coloniale de la France et les bénéfices qu'elle retire de cette expansion sont des faits qui s'imposent à l'heure actuelle, d'une façon indiscutable.

En 1872, le chiffre de l'exportation française (¹) s'élevait à 3.760.000.000 francs, en 1875 à 3.870.000.000, mais depuis dix ans le chiffre moyen est descendu à 3.400.000.000 francs et même en 1894 il n'était que de 3.078.000.000.

Parmi les nations qui nous achetaient le plus, les unes, comme l'Angleterre, ont réduit leurs achats; les autres, comme le Brésil ou la République Argentine les ont presque cessés. L'Angleterre, en 1875, nous demandait pour 1.067.000.000 francs de marchandises et en 1898, 1.038.000.000. Le Brésil nous achetait pour 102.000.000 en 1891 et pour 60.000.000 seulement en

---

(¹) Voir pour tous ces chiffres : *The statesman's year book, statistical and historical annual of the states of the world for the year 1899* et l'*Almanach de Gotha*, 1899.

1897; la République Argentine pour 169.000.000 en 1889 et pour 43.000.000 en 1895 (¹).

S'il nous est difficile de lutter au point de vue industriel et commercial sur les marchés étrangers que protègent le plus souvent des tarifs spéciaux, il nous est plus facile, en nous servant de ces tarifs pour notre propre compte, de trouver des compensations dans le marché réservé de nos colonies. Notre commerce avec elles ne cesse pas de progresser : de 1885 à 1887, la moyenne de notre exportation coloniale était de 223 millions ; cette moyenne s'élève à 277 millions de 1888 à 1892 ; enfin elle atteint 327 millions de 1893 à 1897 ; en 1897, le chiffre de cette exportation s'élève à 358 millions (²). Ces résultats ne sont pas définitifs et il semble que les achats faits par nos colonies à la Métropole peuvent facilement augmenter dans un avenir prochain : c'est à nous de savoir nous assurer leur

(¹) Allemagne. 426.000.000 en 1875   Italie. 218.000.000 en 1875
     » 394.000.000 en 1898   » 138.000.000 en 1898
Etats-Unis. 264.000.000 en 1875   Chili. 44.000.000 en 1872
     » 209.000.000 en 1898   » 10.000.000 en 1894
Suisse 315.000.000 en 1875   Uruguay. 46.000.000 en 1872
     » 200.000.000 en 1898   » 7.000.000 en 1894

L'exportation française ne s'est maintenue et même développée que sur le marché belge, 536 millions en 1898.

(²) Le commerce maritime de l'Algérie (importation et exportation) était de 8 millions en 1831 ; à partir de 1845, l'importation française seulement est en Algerie de plus de 200 millions. La Cochinchine nous achetait pour 1 million en 1874 ; en 1897, elle nous achète pour 35 millions. Madagascar, depuis 1895, nous réserve la fourniture des 10 millions de cotonnade qu'elle achetait entièrement autrefois à l'Angleterre et aux Etats-Unis.

clientèle tout entière. Ainsi l'Algérie, en 1897, a acheté pour 276 millions, dont en France pour 237.900.000 fr.; il y a un écart de près de 40 millions et nos efforts doivent tendre à le diminuer ([1]).

Mais ainsi considérée, la question coloniale n'est pas complète et n'est envisagée que sous une de ses faces, il en est une autre très importante.

([1]) La Tunisie, en 1897, a importé pour 58.820.670 francs (dont de France et d'Algérie 30.409.279 franc), elle a exporté 36.730.871 francs (dont en France et en Algérie 26.256.740 francs).

Voici le tableau du commerce des colonies françaises (Cf. *Almanach de Gotha*, 1899).

(Les chiffres sont exprimés en milliers de francs).

		COMMERCE TOTAL		COMMERCE avec la France	
		Importations	Exportations	Importations	Exportations
Sénégal	1897	25.000	12.000	—	—
Soudan	»	8.552	4.777	—.	—
Guinée	1896	4.634	5.787	525	864
Côte d'Ivoire	1897	4.694	4.719	688	2.242
Dahomey	»	8.243	5.779	2.939	1.515
Congo français	»	4.797	4.746	1.502	583
Indo-Chine	1894	76.944	104.686	26.062	12.643
Etablissements de l'Inde	1893	4.616	16.937	771	11.531
Saint-Pierre et Miquelon	1896	6.750	9.401	3.054	7.091
Guadeloupe	1896	22.636	21.060	12.890	20.914
Martinique	1894	29.117	25.511	13.850	21.190
Guyane	1893	10.921	4.734	7.400	4.387
Nouvelle-Calédonie	1897	9.809	7.049	5.528	3.331
Tahiti	»	3.745	3.151	258	311
Réunion	1895	21.776	15.719	9.234	14.891
Mayotte	1893	603	972	152	849
Madagascar	1896	12.788	—	3.281	—
Diégo-Suarez	1893	6.700	680	3.350	340
Nossi-Bé	1896	2.521	2.383	350	422

En échange de nos marchandises et de nos produits manufacturés, les colonies nous fournissent les produits de leur sol et de leur industrie. La France achète à l'étranger du café, du cacao, du thé, du coton, du poivre, des arachides, du bois d'ébénisterie et de teinturerie, des caoutchoucs et des gommes.

En développant la culture de ceux-ci et l'exploitation de ceux-là, nos colonies de climats tropicaux, aptes à fournir ces produits dont la Métropole a besoin, contribueraient à augmenter notre commerce et à affranchir nos nationaux d'un tribut qu'ils payent à l'étranger et dont elles pourraient profiter.

En échange des avantages que les colonies procurent à la vie économique française, et pour rendre plus nombreux ces avantages mêmes, la Métropole n'a-t-elle pas le devoir et le besoin de contribuer en quelque chose à la mise en valeur des richesses coloniales, et tout en gardant la juste mesure et la notion vraie des nécessités présentes, ne devons-nous pas résister à l'influence des esprits chagrins qui prétendent que nos colonies nous coûtent cher?

Dans le budget de 1899, on voit que les terres relevant des colonies nous coûtent 14 millions au titre des dépenses civiles et 67 millions au titre des dépenses militaires.

Il n'en faut pas moins encourager l'initiative de l'Etat et des particuliers qui, par des moyens financiers ou par l'apport des capitaux privés contribueront à développer

l'outillage économique dont nos colonies ont besoin
encore pour être mises en valeur et donner ce dont elles
sont capables, et toutes proportions gardées, ne devons-
nous pas citer l'exemple de l'Angleterre qui a ouvert à
ses colonies (Inde non comprise) un crédit public de
8 milliards 508 millions.

Toutefois, cette nécessité d'un outillage immédiat et
rapide de nos colonies n'a pas laissé que d'être com-
battue. M. Pauliat, dans son rapport au Sénat sur la
constitution des « Compagnies privilégiées de colonisation », s'élève contre cette assertion que les colonies
ont besoin avant tout de travaux publics.

« Il n'est pas rare d'entendre demander, dit-il, pour
les territoires coloniaux, des chemins de fer et des voies
de pénétration avant qu'il y ait des colons pour s'en
servir et des ports avec les moyens d'exploitation les
plus perfectionnés, avant qu'il y ait des produits à
embarquer et à débarquer. A peine une colonie est-
elle conquise, qu'on voit sur le champ apparaître tout
un programme de travaux publics, indispensables, pré-
tend-on, à la mise en valeur rapide de toutes les
richesses qu'on y trouve et cela sans attendre que les
colons s'y soient implantés et soient en état de gager
et de payer l'intérêt des sommes devant être dépen-
sées... La vérité, c'est qu'en dehors des travaux publics
destinés à la mise en état de défense d'une colonie,
tous les autres, en principe et sauf de rares exceptions, doivent suivre la colonisation, le peuplement et

l'exploitation du pays et non pas les précéder » (¹).

Nous ne saurions partager entièrement la façon de voir de l'honorable sénateur et nous pensons, tout au moins en ce qui concerne nos colonies africaines, où tout est à faire en matière de travaux publics, que l'établissement de voies de communication et en particulier la construction de chemins de fer doivent accompagner sinon précéder l'arrivée du colon.

Quelles promesses en effet peuvent offrir à un colon les richesses de nos colonies tropicales, si, comme à Madagascar, les difficultés et l'élévation du prix des transports lui enlèvent par avance les bénéfices de son entreprise? Quelle sûreté peut-il espérer pour lui et les siens dans l'isolement où il est obligé de vivre, dans un pays où il n'existe que des sentiers à peine tracés? « Les chemins de fer, c'est la distance et l'isolement supprimés. Avec eux, le colon se sent tout près de la mer et par conséquent moins loin de la patrie. Le commerce se risque à fonder des comptoirs ou des dépôts ; l'agriculture peut écouler ses produits » (²).

Aussi bien on peut dire sans exagération que si nos possessions de l'Afrique occidentale et de Madagascar ne possèdent ni les colons, ni les capitaux nécessaires à leur développement et à leur mise en valeur, c'est que les pouvoirs publics n'ont pas jusqu'à présent

<hr>

(¹) Rapport de M. Pauliat au Sénat, 12 juillet 1897.
(²) *Quinzaine coloniale :* Faites des chemins de fer (Chailley-Bert).

apporté leurs soins à l'établissement de routes, de canaux et de chemins de fer.

L'exemple de l'Angleterre qui a sillonné de chemins de fer le sud de l'Afrique, en même temps que celui de la Belgique qui, par la construction du chemin de fer de Matadi à Stanley-Pool, accapare à notre détriment le commerce de l'immense bassin du Congo, doivent être pour nous un précieux enseignement (¹).

Nous avons vu que la création des colonies apparaissait comme une conséquence des nécessités économiques et sociales où vivent aujourd'hui les peuples civilisés; ainsi s'explique l'empressement que les grandes puissances ont mis à saisir ce qui restait de terres disponibles hors du continent européen. Les partages ont été faits à la hâte, chacun voulant prendre position avant les autres; des pays ont été divisés entre les nations européennes avant même d'être entièrement reconnus, et, se contentant pour l'instant de frontières artificielles, les puissances ont fixé les limites des possessions nouvelles sur des méridiens ou des parallèles de latitude. Chacun prenant le plus possible et à sa convenance, les puissances venues les dernières ont été les moins bien partagées.

Immédiatement après l'Angleterre qui la dépasse de beaucoup, la France est au premier rang par l'étendue de ses domaines coloniaux; elle vient avant la Hollande,

____

(¹) La France n'a pas su profiter de sa situation au Congo où elle avait précédé la Belgique.

l'Espagne, le Portugal, qui sont de vieilles puissances coloniales, avant l'Italie et l'Allemagne qui sont de nouvelles venues.

Les domaines coloniaux français occupent une superficie de près de 5 millions de kilom. carrés et renferment plus de 40 millions d'individus. En 1815, nos possessions d'outremer étaient presque réduites à néant, et sans comprendre les vastes solitudes de la Guyane, la France ne possédait plus que 10,000 kilom. carrés (le Sénégal, l'Ile Bourbon, la Guadeloupe, la Martinique et les comptoirs de l'Inde); mais les gouvernements qui se sont succédé en France depuis 1830 ont travaillé avec persévérance, malgré quelques défaillances, à reconstituer ce que nous avons perdu pendant les guerres du xviiie siècle et du premier Empire.

La Restauration réoccupa en 1820 Sainte-Marie de Madagascar, maintint énergiquement nos droits en face de l'Angleterre sur la grande île de Madagascar, enfin s'empara d'Alger ; — les ministres de Louis-Philippe ont complété cette conquête de l'Algérie et c'est vraiment sous la monarchie de Juillet que l'Algérie est devenue terre française.

De plus, le Gabon était occupé (1839-44) ainsi que Nossi-Bé, Tahiti, les Marquises, les Tuamotous (1842), Mayotte, Grand-Bassam et Assinie.

De 1852 à 1870, le domaine colonial de la France doubla d'étendue : au second Empire la France doit la colonisation de la Guyane et de la Nouvelle-Calédonie par la main-d'œuvre pénale, au Sénégal la conquête des rives du fleuve jusqu'à Matam, la fondation de Dakar, la prise de possession des rivières du Sud (1854-69), la création des établissements du golfe de Bénin, sur la côte de Guinée, l'acquisition d'Obock dans la Mer Rouge (1862); la conquête de la Cochinchine, le protectorat du Cambodge.

Le gouvernement de la troisième République a occupé la Tunisie et l'a soumise à notre protectorat, a prolongé vers le Sud l'occupation de l'Algérie, a joint au Sénégal le Haut et le Moyen Niger, et a poussé vers ce fleuve notre domination de la côte de Guinée ; il a décuplé notre colonie du Gabon en y ajoutant le Congo français, qui s'étend jusqu'au lac Tchad et jusqu'au haut Oubanghi ([1]).

Madagascar est devenue possession française ; par l'acquisition du Cambodge, du Tonkin et de l'Annam, un domaine presque aussi grand que la France a été fondé en Indo-Chine depuis la partie du bassin du Mekong comprise entre le royaume de Luang-Prabang et le golfe de Siam ([2]) jusqu'à la baie de Kouang-Tcheou-Ouan, que par la convention d'avril 1898 la Chine a cédée à bail à la France.

Enfin, nos possessions du Pacifique se sont enrichies de quelques îles de l'Océanie ([3]).

([1]) La Convention franco-anglaise du 21 mars 1899 a fixé définitivement les frontières des territoires français de l'Afrique équatoriale.

([2]) Déclaration franco-anglaise de janvier 1896.

([3]) Annexion de Taïti jusque-là simplement protégée (1880); annexion

Cet empire colonial de la France est, on le voit, caractérisé au point de vue géographique par une très grande dispersion ; nous possédons des territoires dans toutes les parties du monde et nous avons des intérêts à sauvegarder dans tous les océans ; sur les grandes routes commerciales du monde, nous avons de petites colonies qui, comme les Antilles, Diégo-Suarez, La Réunion, Obock, la Nouvelle-Calédonie, Taïti ont, outre leur valeur propre, l'importance de points de ravitaillement et de dépôts de charbon ; pour nous approvisionner des produits tropicaux dont nous avons besoin, la Cochinchine, le Tonkin nous offrent leurs régions fécondes, habitées par des populations nombreuses et qui sont les voies de passage pour pénétrer aux provinces les plus riches de la Chine.

En Afrique, l'accès du Soudan central qui nous a été ménagé, la conquête de Madagascar, la possession de la Guyane dans l'Amérique du Sud, nous tiennent en réserve des contrées neuves encore à l'exploitation de leurs ressources et de leurs richesses.

De même, l'Algérie et la Tunisie, quoique plus avancées dans la voie du progrès, n'ont pas encore donné tout ce dont elles sont capables, offrant, s'il était besoin, au trop plein de notre population, un débouché favorisé par la proximité avec la Métropole.

L'Empire colonial de la France paraît donc pouvoir

des îles Wallis (1886); annexion des îles sous le vent de Taïti en 1898 et des îles Foutouna.

suffire aujourd'hui à ses besoins ; il semble que l'heure ne soit plus de conquérir des colonies nouvelles mais d'administrer et d'exploiter celles que nous avons.

Favoriser le développement d'un outillage économique encore insuffisant, multiplier les facultés de production, faciliter les moyens d'échange, augmenter les liens industriels et commerciaux entre les colonies et la métropole, telle est l'œuvre du présent. Nous sommes dans une période nouvelle : les colonies ne sont plus des théâtres d'exploits militaires ni des « terres à laurier » ; une autre besogne commence, ce sont des champs d'activité ouverts aux capitaux et au travail, où les victoires remportées et les succès obtenus seront pacifiques et par lesquels l'influence française, ses idées, sa civilisation seront répandues en même temps que seront en progrès notre commerce et notre industrie.

Comment et dans quelle mesure la métropole peut-elle venir en aide aux colonies et leur fournir au besoin un appui financier pour accomplir chez elles des travaux publics qui facilitent leur mise en valeur, c'est ce que nous avons voulu examiner dans cette étude.

Les moyens financiers les plus divers ont été jusqu'à présent employés pour la construction des travaux publics aux colonies, mais quelle que soit la combinaison, on retrouve toujours ensemble ou séparément pour encourir les responsabilités pécuniaires, l'Etat, la colonie, ou une compagnie concessionnaire.

Nous avons limité notre sujet à l'étude des combinaisons où l'Etat intervient et engage directement le Trésor, soit qu'il garantisse l'emprunt fait par la colonie pour l'exécution de ses travaux publics, soit qu'il accorde à la compagnie concessionnaire une garantie d'intérêts, une garantie de trafic ou quelque autre subvention, soit enfin qu'il accomplisse directement tout ou partie des travaux (¹).

Nous avons pensé qu'il était préférable, au lieu de faire une étude théorique de ces différents procédés de les parcourir et de les discuter dans leurs applications afin d'en tirer d'utiles enseignements.

Nous examinerons donc ce qui a été fait, le chemin de fer et le port de la Réunion, le chemin de fer de Dakar à Saint-Louis, le chemin de fer du Soudan, les projets concernant Madagascar et nous pensons trouver dans cet examen critique les éléments d'une conclusion permettant de concilier les intérêts de l'Etat et ceux de la colonisation.

(¹) Nous n'examinerons donc pas l'emprunt de 200 millions fait par l'Indo-Chine pour la construction de ses chemins de fer, car cet emprunt n'a pas été garanti par l'Etat. Ce procédé est excellent quand l'état des finances de la colonie le permet ; il développe, en effet, le crédit de la colonie, il n'engage pas l'Etat, enfin il laisse moins de place au gaspillage, car la colonie étant directement intéressée dans l'entreprise, la surveille de plus près.

CHAPITRE II

Historique de la construction du port et du chemin de fer de la Réunion.
— Convention avec MM. Lavalley et Pallu de la Barrière, approuvée
le 23 juin 1877. — Convention du 19 décembre 1884. — Déchéance de
la Compagnie, 2 décembre 1886. — Situation financière. — Exploitation par l'Etat. — Causes des déficits d'exploitation. — Dépenses d'entretien. — Les marines. — Appréciation générale de l'entreprise.

Le chemin de fer et le port de la Réunion sont l'une
des plus lourdes charges du budget des colonies, « dit
M. Siegfried au début de son rapport sur le budget
des colonies de 1897 ».

Il est, en effet, peu d'entreprises de travaux publics
qui aient donné plus de mécomptes, et M. Raoul Duval,
combattant le projet de concession de 1877, ne pensait
pas certainement être à ce point bon prophète, quand
il rappelait à la Chambre qu'elle allait engager les
finances de l'Etat pour une somme de 200 millions dans
une entreprise dont les chances de succès étaient au
moins hasardées.

L'Ile de la Réunion est dans une situation assez particulière : elle exporte presque tout ce qu'elle produit

et par contre elle demande à l'extérieur presque tout ce qui est nécessaire à la vie de ses habitants. Dans ces conditions, un port paraissait indispensable à son existence même.

Elle n'a pas de port naturel, pas d'anses abritées, et selon les indications données par M. Labapié dans le rapport fait à la Chambre, le 26 janvier 1877, les navires qui fréquentaient la colonie y séjournaient sur rades foraines.

Les chargements et déchargements des marchandises s'y faisaient avec difficultés pendant la belle saison où les vents généraux soufflent à la fois avec une grande violence et une grande régularité. Pendant la saison d'hivernage, les vents sont moins forts, mais c'est l'époque des ouragans et des cyclones, et il en résultait une élévation considérable dans le taux du fret et des primes d'assurances.

Des considérations d'humanité s'ajoutaient aux nécessités commerciales et devaient amener le législateur de 1877 à voter la création depuis si longtemps projetée d'un port à la Réunion. L'histoire de la Réunion est pleine, en effet, de sinistres retentissants, et c'est par centaines que l'on compte le nombre des navires jetés à la côte ou disparus corps et biens.

Le 10 février 1829, quinze navires de ceux qui avaient pris le large devant la tempête disparaissent avec 181 hommes d'équipage sans que l'on ait jamais eu de leurs nouvelles.

En 1846, le « Berceau », corvette de 30 canons, disparut avec ses 250 hommes d'équipage.

Le 25 février 1860, dix navires montés par 57 hommes ont été perdus corps et biens (¹).

Enfin il ne fallait pas oublier que, depuis la perte de l'île Maurice, nous n'avions plus de port dans l'océan Indien (²).

Aussi l'accord fut-il à peu près unanime dans le Parlement pour voter la construction du port, mais les difficultés devaient se produire au sujet des conditions de la concession.

Plusieurs projets avaient été successivement étudiés et présentés au conseil général de la Réunion. La préférence fut accordée à celui de MM. Lavalley et Pallu de la Barrière qui portait à la fois sur la concession de la construction et de l'exploitation d'un port, au lieu dit « la Pointe des Galets », et sur la concession d'un chemin de fer destiné à centraliser le commerce dans le port à créer.

Les points principaux formant la base du contrat étaient les suivants : MM. Lavalley et Pallu de la Barrière s'engageaient à former une Société anonyme pour la construction du port dont les travaux d'établissement étaient fixés à forfait aux risques et périls de la compagnie à la somme de 34 millions. La compagnie devait

(¹) Nous ne rappelons que les principaux sinistres.
(²) Nous n'avions pas encore Diego-Suarez.

apporter un capital social de 5 millions en garantie du forfait d'exécution du port et du chemin de fer.

L'Etat lui garantissait un maximum d'intérêts de 1.925.000 fr. pour les obligations qu'elle était autorisée à émettre jusqu'à concurrence de 34 millions ou de la somme correspondant à l'annuité ci-dessus. Bien plus, il faisait à la Société une avance de 4 millions devant être affectée au paiement des intérêts intercalaires. La colonie apportait également son concours à l'entreprise par une subvention annuelle de 160.000 fr., devant venir en déduction de l'annuité garantie. Cette subvention était accordée pour les trente années de la concession.

Les avertissements ne furent pas ménagés au gouvernement, lors de la discussion à la Chambre de la loi portant ouverture des crédits pour la garantie d'intérêts, et MM. Raoul Duval et Perrin combattirent vainement les espérances optimistes du rapporteur. « Il n'y a pas de doute possible, disait M. Labapié dans son rapport, sur les chiffres que j'énonce. Il est établi que le port doit faire un trafic moyen de 120.000 tonnes de marchandises devant rapporter 1.330.000 fr. Quant au chemin de fer, son produit (établi par comparaison avec les recettes de celui de l'île Maurice), est évalué a 2.440.000 fr. dont 1.440.000 fr. pour les marchandises. Le total des recettes pour le port et le chemin de fer doit s'élever à 3.770.000 fr. ; les frais d'exploitation devant se monter à 1.885.000 fr., il reste 1.885.000 fr.

de recettes nettes. Cette somme, à laquelle il faut ajouter la subvention de la colonie, soit 160.000 fr., s'élève en fin de compte à 2.045.000 fr., ce qui permet de dire que la garantie accordée par l'État sera purement nominale ».

Ces considérations devaient rallier les suffrages de l'assemblée.

M. Perrin eut beau contester les évaluations du rapteur, attirer l'attention de la Chambre sur l'insuffisance probable des crédits demandés, sur les difficultés d'exécution d'un travail dont les études préliminaires paraissaient incomplètes, il ne fut pas écouté. Ses conclusions tendant à la disjonction de la concession du chemin de fer, de celle du port, et à la construction d'un port de refuge au cap La Houssaye furent repoussées.

La Chambre ne voulant pas, ou, selon les déclarations du Ministre de la marine, ne pouvant voter les 12 ou 15 millions nécessaires à la construction d'un port de refuge, le seul dont l'utilité était réellement incontestable, allait engager le Trésor dans une aventure qui lui coûtera probablement 200.000 millions (¹).

Trois ans après la constitution de la Société, le chemin de fer était terminé et le 20 février il était reçu et ouvert à l'exploitation. Le prix d'établissement, malgré le nombre considérable de travaux d'art, n'avait pas

(¹) Loi du 23 juin 1877.

sensiblement dépassé les prévisions établies (¹), mais la Société avait trouvé de grands mécomptes dans la construction du port.

D'une part, en effet, une série de raz de marée avait considérablement retardé les travaux ; l'insuffisance des premiers sondages, d'autre part, n'avait pas permis de se rendre un compte exact des difficultés de l'entreprise, et, de ce chef, on avait été amené à faire d'énormes dépenses pour le matériel de construction.

Aussi à la fin de l'année 1883, après avoir dépensé tant pour le port que pour le chemin de fer la somme de 48.700.000 francs (²), la Compagnie se déclarait incapable de continuer les travaux avec ses seules ressources et sollicitait une nouvelle intervention de l'Etat pour garantir un emprunt de 14 millions.

La déchéance de la compagnie ne fut pas jugée en ce moment favorable aux intérêts de l'Etat et, après de nombreux pourparlers, une convention intervint à la date du 20 mai 1884 entre l'Etat et la Compagnie et fut

---

(¹) Le coût du kilomètre était de 140.996 francs.

(²) La Compagnie avait fait face à ces dépenses avec les ressources suivantes :

Emission d'obligations . . . . F.	34.000.000
Bénéfice réalisé sur l'émission.	6.900.000
Versement de la moitié du capital social.	2.500.000
Prélèvement sur le produit des placements de fonds .	1.300.000
Avance de l'Etat pour les intérêts intercalaires	4.000.000
Total. . . . F.	48.700.000

ensuite approuvée par la loi du 19 décembre de la même année.

Les principales dispositions de cette convention, portant modification de celle du 19 février 1877, étaient les suivantes :

1° Les délais fixés pour l'achèvement du port, y compris les nouveaux agrandissements, étaient prorogés jusqu'au 1ᵉʳ janvier 1886 ;

2° L'Etat accordait à la Compagnie l'autorisation d'émettre des obligations jusqu'à concurrence de 11.400.000 francs, obligations garanties par une somme de 570.000 francs.

3° Enfin, ainsi que cela résulte des dispositions de l'art. 2, les dépenses nettes de premier établissement étaient fixées à 64.000.000 ; ce chiffre n'était plus un forfait mais un maximum, et les économies réalisées sur cette somme devaient servir au remboursement des quatre millions avancés par l'Etat pour le règlement des intérêts intercalaires.

Les travaux furent continués avec ces nouvelles ressources ; mais au 1ᵉʳ janvier 1886, date fixée pour l'achèvement complet du port, il restait encore environ 900,000 mètres cubes de déblais à enlever.

L'Etat préféra une seconde fois ne pas user de son droit de prononcer la déchéance de la Compagnie. Il n'y avait en effet aucun intérêt, au contraire ; il valait mieux obliger la Compagnie à faire usage de ses reliquats pour terminer les travaux, et puisque l'Etat avait en perspective le payement annuel de 2.495.000 fr. pendant 39 ans ([1]), il était préférable d'attendre, pour prononcer la déchéance de la Compagnie, que celle-ci lui remît un port complètement achevé.

Dans ces conditions, un arrangement fut conclu, aux termes duquel le gouvernement accordait la mise en exploitation provisoire du port à compter du 1er avril 1886. La Compagnie restait encore responsable des intérêts intercalaires, mais l'Etat s'engageait à lui verser jusqu'à l'ouverture du port une mensualité de 70.875 fr.

Le port fut déclaré définitivement ouvert le 1er septembre 1886.

La Compagnie ne devait pas en assurer longtemps l'exploitation. Des parachèvements indispensables à l'aménagement définitif du port avaient englouti ses derniers capitaux.

Quant aux recettes, elles étaient de beaucoup insuffisantes pour couvrir les frais d'exploitation et d'entretien.

Pour l'année 1887, les recettes brutes totalisées du port et du chemin de fer étaient de 1.053.914 fr. 98, alors que les frais d'exploitation s'élevaient à 1.300.598 fr. 78, laissant un déficit de 246.684 fr. 10 ([2]). On était bien loin des 1.885.000 fr. prévus et certifiés par M. Labapié.

[1] Ces 2.495.000 sont le montant de la garantie d'intérêts (1.925.000 plus 570.000).

[2] Voir pour ces chiffres les rapports sur le budget-annexe du port et du chemin de fer de la Réunion de MM. Siegfried (1897), et Bertrand (1898).

Un nouvel arrangement proposé par la Société, dont le point principal était l'autorisation d'une nouvelle émission d'obligations garanties, pour une somme de 1.500.000 fr., ne fut pas accepté.

Un arrêté du 2 décembre 1887 prononça la déchéance de la Compagnie, et le 1ᵉʳ janvier 1888 l'Etat prit en main l'exploitation provisoire de l'entreprise. La loi de finances du 27 juillet 1889, devant l'impossibilité du gouvernement de trouver dans des conditions satisfaisantes un concessionnaire pour l'exploitation, a rendu en quelque sorte définitive cette exploitation provisoire en constituant un « budget annexe du chemin de fer et du port de la Réunion ».

Ainsi l'Etat entrait en possession d'une entreprise qui, au lieu des 38 millions prévus, en avait coûté près de 65 (64.700.000) (¹) et dont l'exploitation était des plus difficiles. Il ne semble pas que, depuis, la situation se soit à ce point améliorée pour permettre à l'Etat de trouver dans les recettes de l'exploitation des ressources qui viendraient alléger l'annuité de 2.508.500 fr. montant des intérêts des obligations garanties. Voici d'ailleurs le tableau comparatif des dépenses et des recettes du chemin de fer et du port de la Réunion de 1888 à 1898 :

(¹) Il n'est pas sans intérêt de faire remarquer que sur ces 64.700.000, 49.300.000 seulement ont effectivement servi à la construction des travaux, et que, par suite des retards apportés à l'ouverture de l'exploitation, le paiement des intérêts intercalaires a absorbé 15.400.000. V. Siegfried, *Rapport sur le budget des colonies en 1897.*

	1888	1889	1890	1891	1892	1893	1894	1895	1896	1897	1898
Recettes brutes du chemin de fer (1)	783.881 68	983.359 90	975.959 83	1.115.675 30	1.144.362 68	1.109.079 97	1.090.111 26	1.214.662 44	—	—	—
Recettes brutes du port .	342.093 95	560.353 83	528.700 00	589.430 66	657.099 48	626.350 28	654.031 23	705.492 37			
Dépenses de parachèvement et d'exploitation (port et chemin de fer).	1.164.884 16	1.631.998 47	1.624.832 36	1.936.719 11	2.059.745 54	2.035.500 14	2.304.940 44	2.039.200 65			
Bénéfice net	—	—	—	—	—	—	—	—			
Déficit (2).	38.908 53	88.284 74	120.172 44	231.613 25	358.283 38	300.069 89	560.797 95	119.045 84			
Subvention métropolitaine, tant pour le paiement des intérêts garantis que pour couvrir le cas échéant les déficits d'exploitation .	2.329.155	3.011.500	2.700.000	2.527.450	2.693.810	2.693.810	2.508.500	2.438.500	2.610.214	3.597.000	2.508.500

(1) Consulter pour ces chiffres les rapports sur les budgets annexes du port et du chemin de fer de la Réunion de 1888 à 1898.

(2) Nous n'avons pas fait entrer en ligne de compte la subvention de la colonie (160.000 fr.). En réalité, en tenant compte de cette subvention, l'exercice 1895 se solde par un bénéfice de 40.954 fr. 16.

Toutefois, s'il n'est pas permis d'avoir de grandes espérances dans l'avenir du port et du chemin de fer de la Réunion, on peut rechercher les causes de l'insuffisance des recettes et voir s'il n'y a pas possibilité de rendre l'exploitation plus productive, et partant moins dispendieuse pour l'Etat.

On s'accorde généralement pour attribuer les déficits de l'exploitation, d'une part aux conditions techniques de l'établissement de la voie ferrée et du port, et d'autre part à la concurrence sérieuse qui est faite au port par les anciennes « marines ». Nous allons examiner chacun d ces points.

Conditions techniques d'établissement. — L'île de la Réunion dans son ensemble présente l'aspect d'un cône dont la base est entourée de plaines. Cette configuration particulière influe d'une façon désastreuse au point de vue qui nous occupe sur le régime des eaux. Les rivières, descendant de la montagne vers la mer, sont de nature torrentielle ; elles roulent de nombreux galets qui modifient à chaque instant leur lit et, comme conséquence, la direction de leur cours. Plus on approche de la mer, plus ces inconvénients se font sentir. Les eaux se séparent en un nombre considérable de canaux qui, aux époques de crue, s'unissent pour former de vastes et redoutables torrents. On comprend que, dans ces conditions, les dépenses d'entretien du chemin de fer qui longe la mer soient considérables.

Les terrassements, les remblais doivent être conso-

lidés après chaque crue, quand ils ne sont pas entièrement à refaire en certains endroits. Les culées des
ponts, en raison de l'énorme fatigue qu'elles ont à supporter à chaque inondation, sont en état de continuelle
réparation ([1]); enfin les travaux métalliques, les rails
ont beaucoup à souffrir du voisinage immédiat de la
mer ([2]).

Quant au port, la nécessité d'un dragage continu et
puissant, pour empêcher son envahissement par les
galets, constitue encore une lourde charge.

Toutes ces dépenses sont essentielles au fonctionnement normal du chemin de fer et du port, inhérentes
aux conditions de leur établissement et il ne semble
pas possible de les diminuer.

Ce que l'on peut faire pour parer aux frais d'une
exploitation forcément onéreuse, c'est de suivre les
indications qui ont été données par M. Siegfried ([3]) et
d'augmenter dans une légère mesure les tarifs du chemin de fer. Le tarif kilométrique est, en effet, de
6 centimes pour les voyageurs de seconde classe, alors
qu'en France il est de 7 centimes 5 dans les mêmes

[1] En décembre 1894, on a été obligé de refaire une culée du pont de
la rivière des galets, et, en 1895, une culée du pont de Butor. La même
année, le remblai a été enlevé sur plusieurs centaines de mètres. (V. le
Rapport de M. Turrel, *Budget annexe du chemin de fer et du port de la
Réunion*, 1896.)

[2] Par raison d'économie, le chemin de fer a été construit sur le terrain
domanial des « cinquante pas du roi ».

[3] M. Bertrand a reproduit cette idée dans le rapport du budget annexe
du chemin de fer et du port de la Réunion pour 1899.

conditions. Une augmentation qui ramènerait ces tarifs au niveau de ceux en vigueur sur les chemins de fer français ne présenterait donc pas un caractère vexatoire. Elle ne serait pas trop onéreuse pour les voyageurs sur un parcours maximum de 127 kilomètres et pourtant ne laisserait pas que d'apporter une élévation de recettes appréciable.

Marines. — Les « marines » sont des établissements qui consistent en appontements s'avançant assez loin dans la mer pour permettre les opérations d'embarquement et de débarquement et en magasins où sont entreposées les marchandises en attendant qu'elles puissent être embarquées ou dirigées vers leur destination. Elles sont établies dans la zone des cinquante pas du roi, donc sur le domaine public de l'Etat.

Or ces marines, qui devaient disparaître après la construction du port de la Pointe des Galets, n'ont pas disparu et lui font une concurrence sérieuse.

Le trafic, au lieu d'être concentré dans le port, au moyen du chemin de fer, continue à se partager entre lui et les marines, qui, grâce à leurs tarifs peu élevés, ne laissent pas que d'attirer un assez grand nombre de navires.

Pendant la période de 1892 à 1895, les marines ont encore fait un trafic moyen annuel d'environ 30,000 tonnes.

Il y a donc, par suite de cette concurrence, une perte importante, d'une part pour le port qui est ainsi privé des droits de quai afférents à ces marchandises et d'autre part pour le chemin de fer qui, dans certains cas, est privé d'un transit appréciable. « Pendant la belle saison, dit M. Siegfried, les marines privent le port de toutes les recettes qu'elles font, et pendant la mauvaise saison, elles exposent les navires, par l'appel de leurs plus bas tarifs, à de très graves dangers » (¹).

Que doit faire l'Etat devant cette situation ? et tout d'abord quel est son droit ?

Le droit de l'Etat en cette matière est très net et très strict.

Les marines sont élevées sur des dépendances du domaine public qui n'est ni aliénable ni prescriptible, et les droits de leurs propriétaires sont définis dans l'art. 10 du décret du 5 août 1839, ainsi conçu :

« Il pourra être accordé par le gouverneur des permis d'établir avec redevance sur les terrains formant la réserve mentionnée à l'article précédent (²), lorsque ces terrains ne seront pas nécessaires au service public. Ces permis seront délivrés sous la condition expresse de déguerpissement sans indemnité, à la première réquisition de l'autorité. Toutefois, le déguerpissement ne pourra être forcé qu'un mois après avertissement, le cas de guerre excepté ».

Il est donc bien certain que le domaine n'a pu être

(¹) Siegfried, Rapport sur le budget du chemin de fer et du port de la Réunion, 1897.
(²) Les cinquante pas du roi.

aliéné et que les concessions dont peuvent se préva-
loir les propriétaires de marines ont été faites à titre
essentiellement précaire. La Chambre de commerce de
Saint-Denis, et les propriétaires des marines n'ont pas
accepté cette manière de voir, et ont protesté contre
la précarité que l'on voulait attribuer à leurs concessions.

Quoi qu'il en soit, il y a là un état de choses fâcheux
pour le port de la Pointe des Galets, et dont il faut à
tout prix sortir. Certes, le droit de l'Etat ne fait pour
nous aucun doute; mais il faut reconnaître, d'autre part,
que les possesseurs des marines ont fait des frais considérables pour la construction des appontements et
des magasins, en perspective d'une exploitation de
bonne foi, à laquelle leur titre de concession semblait
leur donner droit. Dans ces conditions, il serait équitable d'allouer, à titre purement gracieux, une indemnité
aux propriétaires dépossédés.

M. Lebon, lors de son passage au ministère des colonies, s'est placé à un autre point de vue et a songé à
supprimer les marines dont l'exploitation avait lieu
sans titre régulier. Un arrêté du 24 mai 1898 prescrivit
cette suppression. L'émotion fut telle à la Réunion et les
réclamations vives à ce point que M. Trouillot, qui avait
succédé à M. Lebon, consentit à retarder l'exécution de
l'arrêté. On semble depuis vouloir revenir au principe
de l'indemnité, et les propositions faites pour les marines
du « Champ-Borne » et du « Bois-Rouge » paraissent

acceptables et avantageuses pour l'Etat (¹). C'est là, pensons-nous, la solution à laquelle il faudra aboutir, surtout si l'on ne supprime pas toutes les marines comme il en a été question (²).

Comme conclusion, nous pensons que l'échec de l'entreprise de la Réunion vient d'une double erreur.

D'une part, en effet, les difficultés matérielles de l'entreprise ont été considérables et imprévues; nous ne nous arrêterons pas d'ailleurs à cette question purement technique et dans laquelle les responsabilités sont difficiles à établir.

D'autre part, il semble bien que l'on se soit également trompé sur l'économie même du projet.

Les entreprises de travaux publics aux colonies sont avant tout, hors les ouvrages de défense, des affaires, et il faut les traiter comme telles.

Or, le port et le chemin de fer de la Réunion ne se présentaient pas comme une bonne spéculation.

La Réunion est en effet une vieille colonie dont le commerce et la production avaient atteint leur plein développement et aux besoins desquels le port de Saint-Pierre et les marines suffisaient amplement. Il n'y avait donc pas une nécessité absolue de créer un port et un

______

(¹) Les marines du « Champ-Borne » et du « Bois-Rouge » font ensemble un trafic annuel de 5.000 tonnes. Leur suppression procurera au chemin de fer seul un excédent de recettes de 85.000 fr. (brut). Or, le propriétaire du « Champ-Borne » demande 60.000 fr.

(²) On prévoit le cas où le port de la Pointe des Galets serait momentanément fermé en cas de grosses réparations.

chemin de fer qui ne devaient et ne pouvaient développer davantage la production et les transactions commerciales, et dont le rôle devait être seulement de
rendre ces transactions un peu plus faciles.

Une seule chose s'imposait, nous l'avons dit, par des
considérations d'humanité, c'était un petit port de
refuge et l'on n'aurait jamais dû songer à autre chose.

CHAPITRE III

Le 5 février 1880 l'amiral Jauréguiberry, ministre de la Marine, déposait sur le bureau de la Chambre un projet de loi pour l'établissement d'une immense voie ferrée, destinée à porter l'influence et la civilisation française dans le Soudan et le Bassin du Niger, en même temps qu'à ouvrir ces riches contrées à notre commerce et à notre industrie.

Depuis longtemps déjà, le Niger était l'objectif du ministère de la Marine. On se rendait compte en effet de l'importance qu'il y aurait pour la France, en raison de ses possessions de l'Algérie, du Sénégal et du Gabon, à devenir maîtresse du cours de ce fleuve. C'était assurer d'une façon définitive notre prépondérance dans le Nord de l'Afrique, et dans ces conditions, un chemin de fer reliant notre colonie du Sénégal au Niger, ne pouvait avoir que les conséquences les plus heureuses au point de vue économique, industriel et commercial.

Le projet du ministre de la Marine ne comportait pas moins de 1.300 kilomètres de voie ferrée, se divisant en trois tronçons.

Le premier, de Dakar-Gorée à Saint-Louis, avait une longueur de 260 kilomètres et comportait une dépense de 16.234.000 fr. à raison de 62.440 fr. au kilomètre. Le second, partant de Saint-Louis ou d'un point quelconque de la ligne Dakar–Saint-Louis, devait longer la rive gauche du Sénégal, et après un parcours d'environ 580 kilomètres, aboutir à Médine. Le prix de construction de cette seconde ligne était évalué à 41 millions 644,000 fr., soit 71.800 fr. au kilomètre.

Ces deux premières lignes devaient être, dans l'esprit du ministre, concédées à des compagnies.

Enfin, le troisième tronçon, d'une longueur d'environ 520 kilomètres, devait relier Médine au Niger par Bafoulabé, Kita et Bamakou. Le coût de cette ligne, dont la construction était réservée à l'Etat, s'élevait à 88.250 fr. au kilomètre, soit un total de 45.890.000 fr. Le ministre demandait en même temps l'ouverture d'un crédit de 9 millions, pendant six exercices afin d'entreprendre sans retard la construction de la ligne Médine au Niger, de manière, disait-il, « à atteindre ce fleuve en 1884 ou en 1885 ».

L'audace et la grandeur de l'entreprise ne laissèrent pas que d'étonner la commission chargée de l'examen du projet de loi. Celle-ci, tout en constatant les avantages qu'il y aurait à pénétrer d'une façon définitive et permanente dans le continent africain, afin d'y trouver des débouchés pour le commerce et les éléments d'un trafic international, se refusa à suivre le ministre tant que les conditions de l'entreprise ne seraient pas mieux définies. Elle écarta tout d'abord la construction du deuxième tronçon de Saint-Louis à Médine, dont l'utilité ne lui paraissait pas immédiate en raison de la navigabilité du Sénégal à certaines époques ; de même elle remit à plus tard la construction de la ligne de Dakar à Saint-Louis, étant donné l'incertitude de nos relations avec le roi de Cayor ([1]), et elle n'admit en principe, que l'établissement de la ligne de Médine à Bafoulabé ([2]).

L'amiral Cloué, remplaçant au ministère de la Marine l'amiral Jauréguiberry, reprit pour son compte les projets de son prédécesseur. Le 13 novembre 1880, il déposa à la Chambre un projet de loi portant ouverture, d'une part d'un crédit extraordinaire de 8.552.751 fr. pour la construction du chemin de fer de Médine à Bafoulabé, et, d'autre part, portant approbation d'une convention relative à la concession du chemin de fer de Dakar à Saint-Louis. Ce projet fut discuté successivement à deux reprises devant la Chambre et le Sénat et ce dernier, pour ne pas retarder indéfiniment le vote des cré-

([1]) La ligne projetée devait traverser ses Etats.

([2]) La commission refusa le crédit de 9 millions et accorda un crédit de 833.000 fr. porté, sur la demande du ministre, à 1.300.000 fr. pour payer les dépenses engagées, continuer les études même au delà de Bafoulabé, constituer et solder le personnel nécessaire à ces études et à une mission topographique chargée de relever le pays entre Bafoulabé et le Niger.

dits nécessaires au chemin de fer du Soudan, demanda la disjonction des deux projets.

Nous ne nous occuperons présentement que du chemin de fer de Dakar à Saint-Louis et de la convention qui a servi de base à son établissement.

La question de la construction d'un chemin de fer entre Dakar et Saint-Louis n'était pas neuve. Déjà elle avait été agitée en 1856, puis en 1873, et, depuis long-temps, le tracé de cette voie avait été étudié, en même temps que des négociations actives avaient été poursui-vies en vue d'obtenir l'assentiment du roi de Cayor, dont le royaume devait être traversé par la ligne sur une longueur d'environ 120 kilomètres.

La construction de ce chemin de fer était en effet intimement liée à la prospérité et au développement industriel et commercial de notre colonie du Sénégal. Les dangers que présente la « barre » du Sénégal, à l'entrée et à la sortie des navires, les interruptions de navigation qui sont fréquentes et souvent d'assez longue durée ne laissaient pas que de causer une augmentation considérable du fret et partant de charger les produits à l'entrée comme à la sortie d'une plus-value considé-rable.

D'autre part, les gommes et les arachides, produits en abondance dans le royaume de Cayor, ne pouvaient parvenir que difficilement à dos d'animaux à Saint-Louis et à Rufisque. La production en était donc limi-tée en raison des difficultés d'écoulement, de même, que les carrières de Rufisque demeuraient inexploitées malgré le manque absolu à Saint-Louis de matériaux de construction, en raison des frais énormes de transport.

Un chemin de fer reliant Saint-Louis, port du fleuve, à Dakar, port maritime, devait faire disparaître ces difficultés, et donner un nouvel essor à la production et aux transactions commerciales. D'ailleurs le mouvement commercial existant en 1880, s'élevant à la somme totale de 28.354.894 francs, dont 15.386.251 francs pour Gorée et 12.968.643 francs pour Saint Louis, permettait d'espérer pour un chemin de fer bien construit et sagement exploité un transit rémunérateur.

Dans ces conditions, le ministre de la marine, assuré des bonnes dispositions du roi de Cayor, prescrivit, à la date du 3 octobre 1880, la mise en adjudication de la ligne de Dakar à Saint-Louis.

Trois concurrents se présentèrent, évaluant respectivement à forfait le coût du kilomètre aux prix de 68.000 francs, 73.000 et 83.790 francs. La Société de construction des Batignolles ayant offert le prix le plus avantageux, soit 68.000 francs par kilomètre, fut déclarée adjudicataire.

Le 30 octobre, le ministre de la marine passait avec M. Gouin, agissant au nom de la Société, une convention portant concession pour 99 ans de la construction et de l'exploitation d'un chemin de fer de Dakar à Saint-Louis passant par ou près Rufisque et Thiès, Kelle, Kebemar, Louga et M'Pal. Cette concession était faite avec la garantie pécuniaire de l'Etat et l'art. 2 réglant les conditions de cette garantie était ainsi conçu :

Art. 2. — « Le Ministre de la marine et des colonies garantit au nom de l'Etat, pendant la durée de la concession, par kilomètre exploité de la ligne de Dakar à Saint-Louis, un revenu net annuel de 3.400 francs, lequel représente l'intérêt à 5 p. 100 des frais de premier établissement évalués à forfait à 68.000 francs ».

Cet article était ainsi complété par l'art. 6, en ce qui concerne l'évaluation de la garantie d'intérêt : « ..... On ajoutera à la somme de 3.400 francs le montant des frais d'entretien et d'exploitation, puis on déduira du total de ces deux sommes le montant du revenu brut; la différence représentera la somme à allouer à la Compagnie pour couvrir l'insuffisance des produits du chemin de fer ».

Toute l'économie de la convention tient dans ces deux articles; on y trouve, en effet, d'une part, l'obligation pour la Compagnie de construire la ligne suivant un prix fixé à forfait à 68.000 francs par kilomètre, et, d'autre part, la garantie de l'Etat à la Compagnie d'un revenu net de 3.400 francs par kilomètre, sans qu'il y ait comme contre-partie du précédent forfait un forfait d'exploitation.

Cette convention fut vivement critiquée et des voix autorisées s'élevèrent tant à la Chambre qu'au Sénat (¹)

(¹) M. Labiche (Séance du 23 février 1880 au Sénat) et MM. Rouher et des Rotours (Séance du 26 février 1880 à la Chambre des députés).

pour mettre en garde le Parlement contre les obligations onéreuses et draconiennes qu'elle allait imposer au Trésor.

D'une part, en effet, et nous ne rappelons que les deux griefs principaux (¹), l'intérêt stipulé de 5 p. 100 était trop élevé. En réalité, l'Etat, pour acquitter sa dette de garantie portant sur 68.000 fr. par kilomètre, soit 17.680.000 fr. pour la ligne entière, donnait à la Compagnie et pour 99 ans un titre de rente de 884.000 fr. Mais sur le marché français une rente de 884.000 en 3 p. 100 amortissable représentait un capital de plus de 25 millions.

Dès lors, les titres de la nouvelle Compagnie, bien qu'estampillés Dakar, devaient subir, en raison du revenu garanti, une plus-value considérable lors de leur émission et apporter de ce chef aux banques faisant l'émission et aux membres du groupe financier chargé de lancer l'entreprise, un bénéfice pouvant s'évaluer à 6 ou 7 millions. Il était inadmissible que l'Etat favorisât à ce point et à ses dépens la spéculation, et si l'évaluation des travaux arrêtée à 17.680.000 fr. était réelle, il ne devait garantir que cette somme, et, pour cela, une garantie de 3,50 p. 100 ou 4 p. 100 était largement suffisante.

(¹) Nous devons toutefois signaler une intéressante discussion qui s'est reproduite au cours des débats, à la Chambre et au Sénat, sur les apports en nature et les actions à libérer autrement qu'en argent. Orateurs : MM. Rouher, Rouvier, des Rotours, Labiche et Buffet.

Le second grief, à notre avis plus important et que la rédaction définitive de la convention ne devait pas faire disparaître, était l'absence d'une formule forfaitaire pour l'évaluation des frais d'exploitation. On se rend facilement compte que, dans ces conditions, la garantie d'intérêt, qui semblait ne pas devoir s'écarter sensiblement de 884.000 fr., pouvait devenir illimitée. Elle ne portait pas seulement, en effet, sur l'intérêt du capital de premier établissement, mais également sur les frais d'exploitation et d'entretien, déduction faite des recettes brutes, et, dès lors, comme il n'y avait pas de fixation à forfait de ces frais, ils pourraient être exagérés vis-à-vis d'une faible recette, et augmenter dans les proportions considérables les annuités à payer par l'Etat.

Ces considérations avaient immédiatement frappé le Sénat, qui déjà, lors de la première rédaction, fit ajouter à l'art. 6 l'addition suivante : « Il est entendu qu'un tarif à forfait des frais d'entretien et d'exploitation sera établi dès que les conditions de l'exploitation seront suffisamment définies. A défaut d'accord, le règlement sera fait par deux arbitres dont l'un nommé par l'Etat, le second par la Compagnie; un troisième arbitre sera désigné, s'il y a lieu, par les deux premiers » (¹).

Quoi qu'il en soit, le Sénat et la Chambre ne devaient pas approuver définitivement la convention du 30 octobre 1880 dans la forme que nous venons d'indiquer. Le

---

(¹) La Chambre demanda, qu'en cas de désaccord, le troisième arbitre fût nommé par le président du Tribunal de Saint-Louis.

Sénat la renvoya à la commission des finances afin de rechercher une combinaison moins défavorable aux intérêts de l'Etat.

La commission se demanda s'il ne serait pas possible d'adopter une combinaison qui, permettant à l'Etat de faire l'avance de tout ou partie du capital de construction fixé à forfait, diminuerait les frais de l'écart existant entre le taux de l'intérêt de la rente amortissable 3 p. 100 et le taux auquel le concessionnaire était obligé d'emprunter et que l'Etat garantissait. Elle dirigea ses recherches dans ce sens et aboutit à la conclusion suivante : on diviserait le capital de premier établissement en deux parties : l'une, correspondant au capital-actions, serait fourni par la Compagnie concessionnaire ; l'autre, correspondant au capital-obligations, serait apporté par l'Etat directement, au moyen d'un emprunt à 3 0/0 amortissable. Ce nouveau procédé n'apportait aucune complication financière, car il était le même au fond que le précédent.

Peu importait, en effet, que l'Etat fût directement engagé envers les obligataires, ou envers ceux auxquels le concessionnaire aurait fait appel ; ce qui importait, c'était que l'économie fût possible et qu'elle fût faite.

C'est en application de ces principes que fut modifiée la convention.

La Compagnie concessionnaire était tenue de constituer pour l'exécution des premiers travaux et l'achat du capital un capital d'au moins 5 millions qui devait être effectivement versé en argent (¹).

L'Etat, d'autre part, s'engageait à lui avancer, comme complément du capital de premier établissement, la somme de 12.680.000 fr. ; il garantissait en outre pendant la durée de la concession, par kilomètre exploité de la ligne de Dakar à Saint-Louis, un revenu minimum annuel de 1.154 fr., correspondant à un intérêt à 6 0/0 du capital action. Ce revenu minimum annuel devait être calculé comme précédemment, en ajoutant à la somme fixe de 1.154 fr. le montant des frais d'exploitation et d'entretien et en déduisant du total de ces deux sommes le montant de la recette brute.

L'établissement d'un tarif à forfait était également prévu dans les conditions que nous avons rapportées plus haut.

Enfin, la Compagnie était tenue, par l'art. 7 de la convention, de rembourser avec intérêts à 4 0/0, au moyen de prélèvements à opérer sur les excédents de revenu net de l'exploitation, toutes les fois que ce revenu dépasserait le montant de la garantie (1.154 fr.):

1° Les sommes versées en vertu de la garantie ;

2° Une annuité de 2.246 fr. représentant pendant la durée de la concession les intérêts et l'amortissement du capital avancé.

Telles étaient, dans leur ensemble, les nouvelles dis-

(¹) Cette stipulation répondait à l'opinion unanime du Parlement, qui tenait à éviter les actions libérées ou à libérer autrement qu'en argent.

positions de la convention à laquelle on pouvait adresser les mêmes reproches que précédemment.

Sans doute, la combinaison imaginée par la commission des finances permettait de réaliser une certaine économie (¹), mais l'intérêt exagéré de 6 p. 100 garanti au capital-actions laissait à nouveau la porte largement ouverte à la spéculation. M. des Rotours, évaluant la plus-value des actions causée par l'élévation du taux de l'intérêt à 100 ou 120 fr. par actions, était au-dessous de la vérité (²).

Enfin, la convention ne fixait toujours pas de forfait pour l'exploitation, ce qui allait permettre à la Compagnie concessionnaire construisant à forfait d'établir la voie pour un prix moindre et de porter ensuite, au compte de l'exploitation, en tant que travaux d'entretien et de réfection, de véritables travaux de premier établissement.

Néanmoins la convention fut approuvée par la loi du 29 juin 1882.

L'exploitation commença, au moins partiellement, en 1883 et, dès 1884, les frais d'entretien et d'exploitation atteignirent des sommes considérables (³). L'admi-

---

(¹) M. Brun, dans son rapport, l'évalue à 1.867.000 fr.

(²) Séance du 12 juin 1882.

(³) Frais d'exploitation :

1883...	148.160 23		1887...	2.130.025 24
1884...	1.058.155 32		1888...	1.961.425 28
1885...	1.983.546 54		1889...	2.038.243 45
1886...	2.940.164 76		1890...	1.737.181 38

nistration des colonies s'émut de ces exagérations et, sur l'avis conforme de la Commission de vérification des comptes instituée par arrêté du 3 décembre 1883, un ingénieur expérimenté fut envoyé dans la colonie pour étudier les causes d'une exploitation aussi onéreuse, en même temps que pour rechercher les économies à réaliser.

Son rapport fut écrasant pour la Compagnie, et M. Turrel le fit connaître à la Chambre lors de la discussion du budget des colonies (séance du 30 nov. 1888) en déclarant qu'il lui était absolument impossible de voter un sou pour une Compagnie qui avait ainsi profité de l'éloignement des lieux pour faire recevoir par une commission de contrôle incompétente des travaux mal exécutés ([1]).

En fait, par suite des malfaçons, l'Etat, obligé par le cahier des charges à pourvoir aux dépenses d'entretien et d'exploitation, faisait face en réalité et contrairement à ce même cahier des charges aux dépenses de premier établissement.

Aussi, devant les révélations de M. Turrel et sur la proposition de MM. Sevaistre et des Rotours, la Chambre se refusa à voter les crédits relatifs au chemin de fer de Dakar à Saint-Louis, jusqu'à ce que le gouvernement eût transmis à une commission spéciale le résultat de l'enquête confiée, en 1886, à un ingénieur des

---

([1]) Chambre des députés. Séance du 30 novembre 1888.

ponts et chaussées, ainsi que tous autres renseigne-
ments de nature à éclairer la religion de ladite commission.

Il résultait de la discussion que l'enquête confiée à
la commission (¹) devait porter spécialement sur deux
points, à savoir :

1° Qu'était devenu le boni provenant de l'émission des
actions qui avaient été libérées à 650 fr. au lieu de 500 ?

2° Dans quelles conditions la ligne de Dakar à Saint-
Louis avait-elle été construite, reçue et exploitée ?

M. Fonbelle, rapporteur de la commission, répon-
dit à ces questions dans un rapport complet et très
documenté.

Tout d'abord, il n'y avait pas eu à proprement parler d'émission d'actions, et, partant, on ne pouvait
reprocher à la Compagnie aucune opération financière
irrégulière. En effet, la totalité des actions avait été
répartie inégalement, au prix de 500 fr. par actions,
entre vingt-cinq personnes nommément désignées dans
une liste annexée à l'acte de concession.

Ces actions, assurant un revenu de 6 p. 100, avaient
subi une plus-value normale et on ne pouvait adresser
aucun reproche à ceux qui avaient bénéficié de cette
prime légale. Le seul coupable était le législateur de

(¹) Cette commission était composée de MM. Bureau de Vaulcomte,
président; Gustave Hubbard, secrétaire; Monis, Joseph Morel, Léon
Sevaistre, Leporché, Jolibois, Chavoix, de la Martinière, Félix Mathé,
Fonbelle.

1882 qui avait garanti au capital social un intérêt visiblement exagéré.

Mais si la commission avait pu laver la Compagnie de cette accusation, elle se trouva unanime à condamner ses agissements au sujet de la construction de la voie et de son exploitation.

Les conclusions du rapporteur, d'ailleurs motivées par un exposé rempli de faits, dans lequel chaque point était examiné en détail, étaient d'une grande sévérité pour la Compagnie concessionnaire.

Il ressortait clairement de l'argumentation serrée et contradictoire [1] de M. Fonbelle que la Compagnie avait manqué à ses obligations [2] et que des irrégularités regrettables avaient été commises dans les opérations concernant la réception des travaux.

[1] M. Fonbelle cite les rapports des différents fonctionnaires envoyés en mission pour les enquêtes, ainsi que les réponses faites par la Compagnie à ces rapports (1889, *Annexes*, n. 3812).

[2] Les dépenses excessives de l'exploitation ne peuvent s'expliquer ni par le nombre considérable d'employés et d'agents de ce service, ni par les difficultés spéciales que pourrait rencontrer l'entretien d'une voie ferrée au Sénégal. La cause en est tout entière dans la manière incomplète avec laquelle la voie a été exécutée par la Société de construction. La ligne n'a pas été entretenue, mais bien finie et complétée par la Compagnie d'exploitation (Rapports de MM. Lepeuple, Piquié, Etienne, ingénieurs). — La Société a méconnu les intérêts de l'Etat : d'abord, en lui faisant supporter dans les comptes d'exploitation des dépenses de réfection qui auraient dû être comprises dans le forfait de construction, ce qui lui a permis de réaliser un bénéfice exagéré sur le premier établissement, et ensuite, en faisant monter les dépenses de l'exploitation elle-même à un chiffre excessif (Rapports de MM. Lepeuple, Piquié, Petit). — (Ces extraits sont cités dans le rapport de M. Fonbelle à la Chambre).

On sortit de cette situation équivoque et embarrassée au moyen de l'application de l'art. 6 de la convention, c'est-à-dire en établissant une formule forfaitaire d'exploitation.

L'Etat nomma pour arbitre M. Aguillon, ingénieur en chef des mines, et la Compagnie choisit pour défendre ses intérêts M. Duportal, ingénieur en chef des ponts et chaussées. Ces deux arbitres s'entendirent pour le choix d'un troisième et désignèrent M. Pontzen, ingénieur civil.

La sentence arbitrale fut rendue le 10 avril 1890 [1].

Après une série de considérants, relatifs à la situation spéciale du chemin de Saint-Louis à Dakar, tant au point de vue de l'insalubrité du pays et des conditions climatériques qu'à celui des circonstances défavorables dans lesquelles la voie était établie, les arbitres fixèrent les frais d'exploitation au moyen des deux formules suivantes :

$$F_1 = 4.500 + \frac{R}{2}$$
$$F_2 = 1.650$$

dans lesquelles F_1 et F_2 représentent les frais d'exploitation et R le montant de la recette brute [2].

Doivent rentrer dans la formule F_2 : les dépenses pour renouvellement et réfections à raison d'usure nor-

---

[1] *Bulletin officiel* du Ministère des colonies, 1891, p. 294.
[2] Les frais d'exploitation par kilomètre sont donc :
$$F_1 + F_2 = 4.500 + 1.650 + \frac{R}{2}$$

male ou d'accidents fortuits des bâtiments et du matériel fixe et roulant, y compris les traverses.

Dans la formule F_1 : toutes les dépenses auxquelles peut donner lieu l'exploitation et qui ne rentreraient pas dans celles imputées au barême F_2.

En même temps qu'ils établissaient ainsi les formules d'exploitation, les arbitres avaient tenu à ménager encore d'une autre façon les intérêts de l'Etat et ceux de la Compagnie en donnant à celle-ci une prime à l'économie, basée sur la différence entre le montant des dépenses forfaitaires et celui des dépenses réelles.

Les art. 4 et 5 de la sentence arbitrale étaient en effet ainsi conçus :

« Art. 4 : Il sera accordé à la Compagnie, avec autorisation de la distribuer, une part des économies annuelles réalisées sur le montant des dépenses résultant du barême F_1 ; cette part, fixée à 2 p. 100 pour 1891, s'accroîtra d'année en année jusqu'à un maximum de 10 p. 100 en 1895.

« Art. 5 : Chacun des deux barêmes donnera lieu à un décompte annuel distinct, afin d'établir la différence entre les dépenses forfaitaires correspondant à chacune des formules et les dépenses réelles. On portera à un fonds de réserve commun et unique le solde résultant de ce double décompte, sous déduction de 10 p. 100, jusqu'à ce que ce fonds atteigne 2 millions ».

Telles sont, dans leurs grandes lignes, les dispositions de la sentence arbitrale du 10 avril 1890 qui règle actuellement, concurremment avec la convention de

1882, les conditions de l'exploitation du chemin de fer de Dakar à Saint-Louis.

L'application des formules a donné d'excellents résultats ; elle a diminué considérablement les charges de l'Etat, et a permis d'opérer chaque année des réductions de crédits.

La Compagnie a de son côté fait de sérieuses économies sur les forfaits d'exploitation, enfin les recettes sont en progression constante et tout fait espérer, ainsi qu'on peut le voir d'après le tableau ci-contre, que l'ère des mauvais jours est enfin passée.

Le dernier exercice a même été particulièrement brillant et pour la première fois les recettes sont en excédent sur les dépenses (¹).

(¹) Extrait du rapport du Conseil d'administration de la Compagnie du chemin de fer de Dakar à Saint-Louis, à l'Assemblée générale ordinaire des actionnaires du 17 juin 1899 :

Dépenses de l'exploitation : Les dépenses se sont élevées à la somme de. . . . . F. 1.497.686 69
soit 5.673 fr. 05 par kilomètre.
Elles avaient été, en 1897, de. 1.414.074 17
soit pour 1898 une augmentation de 83.612 52
qui provient de la passation en dépenses d'exploitation des frais de réfection du pont de Leybar.

Recettes de l'exploitation : Les recettes avaient été en 1897 de. . . . . F. 1.320.101 87
soit 5.000 fr. 38 par kilomètre.
Elles ont atteint en 1898. . . . . 1.775.491 27
soit 6.725 fr. 35 par kilomètre.
L'excédent des recettes sur les dépenses a donc été en 1898 de. . . . . F. 277.804 58
C'est la première fois, depuis l'origine de notre exploitation, que le chiffre des recettes est supérieur à celui des dépenses.

	1891	1892	1893	1894	1895	1896	1897	1898
Dépenses forfaitaires........	2.106.209 59	2.288.903 71	2.371.679 19	2.405.513 83	2.248.754 57	2.237.301 87	2.249.867 61	2.512.591 26
Dépenses réelles	1.519.557 86	1.627.649 51	1.553.106 39	1.650.730 61	1.617.643 82	1.321.333 »	1.414.074 17	1.497.686 69
Economies de la compagnie....	586.651 73	661.254 20	818.632 80	754.783 22	665.909 26	915.968 87	965.773 44	1.014.904 57
Recettes brutes d'exploitâtion.	948.030 95	1.322.639 06	1.471.217 53	1.511.219 95	1.161.322 96	1.153.665 21	1.217.954 60	1.775.491 27
Déficit d'exploitation........	571.526 91	305.010 45	81.888 86	139.510 76	456.320 86	167.667 79	196.119 57	
Bénéfice	—	—	—	—	—	—	—	277.804 58
Primes données à la compagnie sur les économies d'exploitation........	5.129 55	13.868 41	31.458 16	48.887 99	47.024 57	50.810 75	49.145 75	

Toutefois et quelles que soient les espérances que l'on puisse avoir pour l'avenir, il ne semble pas que l'on doive considérer comme définitives les conditions actuelles de l'exploitation.

Elles sont encore trop favorables à la Compagnie. Les économies qu'elle a faites depuis 1890 ont oscillé entre 500 et 800.000 fr. par an, c'est donc une prime annuelle d'environ 40.000 fr. (10 p. 100 sur les économies d'exploitation) dont l'Etat lui a fait don en même temps qu'il versait chaque année de 600.000 à 800.000 fr. au fonds de réserve, qui se monte aujourd'hui à 4 millions environ au lieu des deux millions prévus par la sentence arbitrale.

Dans ces conditions, la révision de la sentence arbitrale, c'est-à-dire l'établissement d'une nouvelle formule s'impose, et cela d'autant plus que l'exploitation est devenue plus régulière dans ses recettes et ses dépenses.

On peut constater que les dépenses réelles sont environ les 3/5 des dépenses forfaitaires : dès lors, il semble bien qu'une seule formule, telle que la suivante :

$$F = 3.500 + \frac{R}{2}$$

suffise à parer à tous les frais d'exploitation.

En effet, il faut trouver une formule qui soit les 3/5 de $F_1 + F_2$,

$$\text{Or } F_1 + F_2 = 4.500 + 1.650 + \frac{R}{2}$$
$$= 6.150 + \frac{R}{2}$$

Donc en prenant comme constante de notre nouvelle formule 3.500, c'est-à-dire un peu moins des 3/5 de 6.150, nous aurons un barême qui sera suffisant, puisque nous avons diminué un seul des termes de la formule et que nous n'avons pas touché au second qui augmente chaque année.

L'application de cette formule aux deux derniers exercices aurait donné les résultats suivants :

Année 1897 : La recette brute kilométrique a été de 5.000 fr. ; l'application de la formule aurait donné comme frais d'exploitation au kilomètre ;

$$F = 3.500 + \frac{5.000}{2} = 6.000 \text{ fr.}$$

En fait, les dépenses réelles se sont élevées à 5.356 fr. 35, somme inférieure à celle donnée par la formule.

Année 1898 : La recette brute kilométrique a atteint 6.725 ; la formule d'exploitation donne :

$$F = 3.500 + \frac{6.725}{2} = 6.862,5$$

Les dépenses réelles sont encore bien inférieures à ce chiffre et se sont élevées à 5.673 fr. 05.

La formule que nous proposons est encore très large, bien qu'apportant une diminution annuelle d'environ 700.000 fr. aux charges de l'Etat. Mais pour ne point refroidir le zèle de la Compagnie, on pourrait, comme compensation, augmenter le taux de la prime à l'économie et le porter à 15 0/0 du montant de la différence entre la dépense forfaitaire et la dépense réelle.

En résumé, nous ne pensons pas que l'expérience faite au Sénégal de la garantie d'intérêt soit concluante et qu'il faille condamner *à priori* cette combinaison financière.

Si la convention de 1882 a été désastreuse pour l'Etat, c'est moins à la garantie d'intérêt qu'il faut l'attribuer qu'aux conditions dans lesquelles elle a été accordée.

Nous ne sommes pas partisan de la construction à forfait quand l'Etat garantit l'intérêt des sommes fixées pour la construction ; mais si l'on adopte cette combinaison, nous réclamons comme une nécessité un forfait d'exploitation.

A forfait, forfait et demi, pourrait-on dire, et c'est pour avoir méconnu cette vérité que la France a fait au Sénégal une coûteuse expérience de la garantie d'intérêt.

CHAPITRE IV

I. CHEMIN DE FER DU SOUDAN

C'est au général Faidherbe que revient l'idée d'avoir voulu réunir par une immense voie de communication le Sénégal au Niger, Saint-Louis à Tombouctou.

Cette voie devait emprunter sur une étendue de 900 kilomètres le cours du Sénégal, se poursuivre ensuite par un chemin de fer de Kayes à Toulimandio près de Bamakou et enfin descendre par le Niger jusqu'à Tombouctou.

Ce projet ne fut suivi d'aucune exécution sérieuse ([1]). Ce n'est qu'en 1880 que l'amiral Jauréguiberry, ministre de la marine, reprit en le transformant et en le complétant le projet du générel Faidherbe et le 5 février 1880, il déposa à la Chambre un projet de loi portant

---

([1]) Il y eut une tentative en 1864 pour créer une voie de communication jalonnée par Médine, Kita et Bamakou.

ouverture de crédits destinés à la construction d'une voie ferrée d'une longueur de 1.300 kilomètres, devant relier Dakar, Saint-Louis, Médine et Bamakou.

Nous avons vu, dans le précédent chapitre, l'économie générale de ce projet et comment il aboutit, en fin de compte, à l'ouverture d'un crédit de 1.300.000 fr. destinés à compléter les travaux d'étude de la ligne et à les poursuivre au delà de Bafoulabé. Nous n'y reviendrons pas.

Quelques mois après, le 30 novembre 1880, l'amiral Cloué, qui avait remplacé l'amiral Jauréguiberry au ministère de la marine, présenta aux Chambres un nouveau projet, d'une conception plus restreinte.

Il ne s'agissait plus en effet d'établir une voie ferrée de Dakar au Niger, mais seulement de construire un chemin de fer d'une longueur d'environ 130 kilomètres entre Médine et Bafoulabé (¹).

Depuis 1879 nous occupions Bafoulabé sis au confluent du Bafing et du Backoy et cette occupation, à condition toutefois de la rendre effective et durable, devait ouvrir les riches pays du Logo et du Natiaga au commerce et à l'industrie de nos nationaux.

Or le Sénégal n'est pas navigable entre Médine et Bafoulabé. Une série de biefs étagés rendent le fleuve

---

(¹) Nous rappelons que le projet de loi comprenait deux parties : l'une portant approbation de la concession du chemin de fer de Dakar à Saint-Louis, que nous avons examinée dans le précédent chapitre, et l'autre portant ouverture d'un crédit de 8.512.771 fr. pour la construction du chemin de fer de Médine à Bafoulabé.

impraticable même aux pirogues des indigènes qui doivent être portées d'un bief à l'autre. De ce chef les communications étaient particulièrement difficiles entre ces deux postes et le ravitaillement de Bafoulabé ne pouvait se faire qu'au prix de grands efforts à dos d'âne ou de mulet.

Dans ces conditions, notre situation à Bafoulabé était difficile, précaire et la construction d'un chemin de fer reliant ce poste à Médine ne devait être que la consécration de notre occupation.

Au fond, la question de notre maintien à Bafoulabé était d'une extrême gravité : c'était l'avenir même de notre colonie du Sénégal qui était en jeu.

M. Brun, dans son rapport au Sénat sur le projet de loi, avait mis nettement ce point en lumière (¹).

« Ou nous devons occuper définitivement Bafoulabé, disait-il, point très important dont la possession peut seule assurer notre action dans le Logo et le Natiaga et alors élever une construction sérieuse qui mette à l'abri et nos hommes et notre matériel, puis établir une voie ferrée pour relier Bafoulabé à Médine et par conséquent au chef lieu de la colonie; ou nous ne devons pas étendre notre influence au Sénégal au-delà de Médine et alors il est urgent de nous retirer promptement et de rentrer dans nos anciennes limites si nous ne voulons pas que les noirs, las d'attendre la protection effec-

---

(¹) Rapport de M. Brun au Sénat, 8 février 1881. Annexe 44.

tive que la France leur a promise par des traités, con-
cluent de là que nous ne sommes pas assez forts pour
tenir nos engagements et se tournent contre nous. Avec
le caractère des indigènes, les choses se passeraient
certainement ainsi.

» Il ne faut pas se dissimuler que notre retraite sur
Médine serait un bien grand coup porté à l'influence
française au Sénégal ».

C'est sur ce terrain que la question du chemin de fer
de Médine à Bafoulabé fut spécialement débattue dans
le Parlement.

Sans doute on pouvait critiquer, au point de vue économique, la construction de ce tronçon aboutissant,
d'une part, à un fleuve qui n'est navigable que pendant
quelques mois de l'année et, d'autre part, à la brousse ;
mais c'était ne voir qu'un côté de la question.

Le point important, en 1880, était de rester à Bafoulabé afin de ménager l'avenir, et, partant, le chemin de
fer ne devait être qu'un chemin stratégique. Plus tard,
et c'était évidemment dans l'esprit de tous, on verrait
dans quelles conditions il y aurait à reprendre l'œuvre
de Faidherbe et de Jauréguiberry et à relier par une
grande voie commerciale Saint-Louis au Niger. Pour
l'instant le seul objectif était Bafoulabé et c'était, à tout
pendre, reculer la limite de nos possessions à 130 kilomètres au-delà de Médine.

M. Brun, rapporteur du projet au Sénat([1]), et M. Blan-

______

([1]) M. Brun, Rapport au Sénat, *op. cit.*

din (¹), à la Chambre, appuyèrent le projet du gouvernement portant ouverture d'un crédit de 8.552.771 fr. qui fut voté le 24 février 1881.

Les travaux furent aussitôt entrepris mais sans études préliminaires suffisantes et dans des conditions déplorables d'exécution. Le matériel fixe et roulant arriva trop tard à Saint-Louis pour pouvoir remonter jusqu'à Kayes; la fièvre jaune survint, l'ingénieur-directeur tomba malade, et à la fin de la première campagne, on n'avait pas établi plus de deux kilomètres. Dans les années qui suivirent, de nouveaux crédits furent obtenus du Parlement (²), mais non sans peine, et en 1888, le chemin de fer parvint à Bafoulabé. Ce n'était pas à proprement parler un chemin de fer mais plutôt « une longue file de rails et de traverses assemblées sans aucun souci des règles de la construction des voies ferrées avec des déclivités affranchies de toutes règles et de toute limite s'élevant couramment au taux de 0,40 et de 0,50, des courbes tracées à l'œil présentant des rayons beaucoup trop faibles, des ouvrages d'art à construire, l'écoulement des eaux à assurer, les traverses en bois du pays de dimensions trop faibles, mal attachées par des crampons et reposant directement sur le sol. Cette ligne n'était ballastée que là

(¹) M. Blandin, Rapport à la Chambre, 21 déc. 1880, annexe 3216.
(²) En 1882, M. Rouvier obtint 7.548.785 fr. du Parlement. M. Charles Brun obtint 4.677.000 fr. sur l'exercice 1883 et 3.209.000 fr. sur l'exercice 1884.

où elle coupait accidentellement une ballastière » (¹).

Le chemin de fer s'arrêta à Bafoulabé pendant huit ans, dans l'impossibilité de franchir le Bafing, fleuve d'une largeur d'environ 400 mètres. On traversait ce fleuve dans un bac, pour retrouver sur l'autre rive 38 kilomètres de chemin de fer à voie de 60 centimètres jusqu'à Dioubéba.

A cette époque, on remplaça l'ancienne direction des travaux par un personnel militaire homogène qui allait enfin assurer une continuité réelle dans l'établissement des projets et dans leur exécution (²).

L'immense développement donné à notre colonie du Soudan par le colonel Archinard rendait d'ailleurs nécessaire la réfection de ce premier tronçon et son prolongement au-delà de Bafoulabé.

En 1891, une première mission, dirigée par le commandant Marmier, reprit et compléta les études du tracé entre Bafoulabé et Kita. Elle reconnut la nécessité de jeter un pont sur le Bafing afin d'éviter le transbordement des marchandises et détermina Mahina comme le point le plus favorable à son exécution.

Une deuxième mission, sous les ordres du commandant Joffre, établit, pendant l'hiver suivant (1892-93), l'avant-projet de chemin de fer de Kita au Niger, assura l'entretien et l'exploitation de la voie de Kayes à Ba-

____

(¹). Rapport sur le budget du Soudan, par M. Le Hérissé, député, 1899.

(²) Le personnel de construction et d'exploitation est fourni par le 5ᵉ régiment du génie.

foulabé et Dioubéba, en même temps qu'elle étudiait les travaux de réfection nécessaires pour mettre la première partie de la ligne (Kayes à Bafoulabé) en état régulier d'exploitation.

L'ensemble du projet résultant de cette double mission fut soumis au Comité des travaux publics des colonies qui, après un sérieux examen, l'approuva complètement (¹) et en estima la dépense comme il suit :

Section de Kayes à Bafoulabé (125 kilomètres). Dépense supplémentaire . . . . F.   3.000.000

   Section de Bafoulabé à Kita (200 kilomètres). 16.500.000

   Section de Kita à Bamako (196 kilomètres). 15.000.000

   Section de Bamako à Toulimandio (37 kilomètres). .   4.000.000

Total . . . . . F.   38.500.000

Soit une dépense moyenne d'environ 75.000 fr. par kilomètre.

Depuis, le commandant Rougier a pu faire, en tenant compte de l'utilisation de la main-d'œuvre indigène, une nouvelle évaluation dans laquelle le prix de revient du kilomètre n'est plus que de 59.000 fr., soit, au total, environ 25 millions, mais il semble bien que l'on ne puisse espérer un plus bas prix.

Toutefois, pour terminer cette entreprise, il fallait des fonds plus considérables que ceux que le Parlement avait mis à la disposition du chemin de fer.

Depuis 1884, en effet, le Parlement mis en défiance

(¹) Séance du 8 novembre 1893.

par les mécomptes des premières opérations et la légèreté avec laquelle les travaux avaient été entrepris, se
montrait avare de subventions.

Les piles du pont de Bafing ne s'étaient élevées
qu'avec une lenteur désespérante, en raison de l'insuffisance des crédits, et c'est à peine si l'on pouvait
compter sur la construction d'une dizaine de kilomètres chaque année.

La situation est devenue meilleure.

D'autre part, en effet, un budget annexe a été établi pour les recettes et les dépenses du chemin de fer
du Soudan, ainsi que cela résulte de la loi de finances
de l'exercice 1897 :

« Le Ministre des colonies est autorisé à assurer
dans les conditions de l'arrêté du 19 novembre 1893 ([1]),
l'exploitation des parties construites du chemin de fer
du Soudan et à poursuivre progressivement l'exécution
du projet approuvé par le Comité des travaux publics
des colonies pour le prolongement de ce chemin de fer ».

« Les recettes et les dépenses du chemin de fer du
Soudan feront l'objet d'un budget annexe rattaché
pour ordre au budget général de l'Etat, et alimenté par
les recettes du trafic et hors trafic, par les subventions
de l'Etat et par les subventions de la colonie du Soudan » ([2]).

---

[1] Cet arrêté a été modifié depuis par un décret du 29 avril 1898.

[2] La subvention de l'Etat est de 600.000 francs, celle de la colonie de
460,000 francs.

Deux combinaisons financières ont permis, d'autre part, d'augmenter considérablement les ressources de ce budget.

1° C'est d'abord un emprunt de 919.645 francs, versé par la colonie du Soudan et qui figure au chapitre IV des recettes du chemin de fer. Cet emprunt a été fait à la Caisse des dépôts et consignations dans les conditions suivantes : La colonie du Sénégal, reconnaissant devoir à la colonie du Soudan une certaine somme, sur les droits perçus en douane pour compte commun, s'est engagé à rembourser à cette dernière la somme de 1.200.000 francs.

Il restait à verser en 1898 à la colonie du Soudan par le Sénégal quatre annuités de 250.000 fr. Ce sont ces quatre annuités qui ont été escomptées à la Caisse des dépôts et consignations.

Cette dernière a comme garantie les recettes douanières de la colonie pendant quatre années, jusqu'à concurrence de 250.000 francs par an, et au cas d'insuffisance des recettes, le déficit serait porté d'office au budget local du Soudan.

2° Lors de son voyage au Sénégal, M. Lebon, ministre des colonies, se rendit compte de la nécessité qu'il y avait à terminer dans le plus bref délai possible la ligne de Kayes au Niger. Aussi par une convention, ratifiée par la loi de finances du 13 avril 1898, l'Etat et la colonie se sont engagés à contribuer par moitié, et jusqu'à concurrence d'une somme de 24 millions, à l'achèvement complet de la ligne de Kayes au Niger.

Cette contribution doit se faire par le versement annuel d'une somme de 500.000 fr. au budget du chemin de fer du Soudan, par l'Etat et par la colonie, avec faculté d'effectuer les versements par anticipation, au moyen d'emprunts gagés sur ce double versement de 500.000 francs.

C'est à ce dernier moyen que l'on s'est arrêté, et la Caisse des dépôts et consignations a consenti à la colonie du Soudan un emprunt de 3.208.000 francs à 3,80 qui a figuré en recettes au budget annexe du Soudan de 1899.

De cette façon, il est permis d'espérer que les travaux parfaitement dirigés par le corps du génie (5ᵉ régiment) ne subiront aucun retard et que d'ici cinq ou six ans les locomotives françaises iront à Toulimandio sur le Niger.

Sans doute une pareille entreprise coûtera cher à l'Etat, mais il était difficile de recourir, avec avantage, aux capitaux privés, pour la construction d'un chemin de fer qui ne devrait être à ses débuts qu'une ligne purement stratégique et de ravitaillement. Personne n'aurait voulu en entreprendre la construction sans garantie et il est probable, étant donné les difficultés d'exécution que l'on a rencontrées, qu'une garantie accordée à un concessionnaire eût pesé plus lourdement sur le budget de l'Etat que la construction même du chemin de fer.

Il y a eu pour l'Etat économie à le construire directement, et cette économie eût été plus grande si dès le début on avait confié au génie la direction des travaux ([1]).

II. CABLES SOUS-MARINS

Différentes subventions figurent au budget des colonies concernant des Compagnies de câbles sous-marins. Quoique les subventions accordées ne soient pas considérables, nous avons pensé qu'il était utile de les signaler.

1° La loi du 29 mars 1893 a approuvé une convention passée avec la Société française des câbles sous-marins et par laquelle l'Etat s'engage à garantir à la Société, jusqu'à concurrence des deux tiers, un produit annuel de 300.000 fr., montant du service des intérêts et de l'amortissement du capital de la Société.

2° La loi du 9 juillet 1889 a approuvé la convention conclue le 17 mai 1889 avec la Compagnie Eastern Telegraph, pour l'établissement d'un câble sous-marin reliant Obock à Perim.

La subvention annuelle de l'Etat de de 37.000 fr.

([1]) La route de Konakry au Niger se construit dans les mêmes conditions. C'est le capitaine du génie Salesses qui en dirige les travaux. Les frais de l'entreprise sont couverts par une subvention annuelle de l'Etat de 100.000 fr., et par une subvention de 30.000 fr. de la Guinée française. Le coût du kilomètre est de 3.000 fr..

CHAPITRE V

Les différents modes de concours financier de l'Etat que nous venons d'examiner présentent tous ce caractère qu'ils se ramènent à un versement d'espèces, et que, partant, ils grèvent d'autant le budget de l'Etat.

C'est là leur défaut capital. Veut-on construire un chemin de fer, aménager un port, le concours de l'Etat, quelle que soit d'ailleurs la forme employée, se traduit en fin de compte par une dépense.

Jusqu'à présent, on doit le dire, l'Etat n'a pas marchandé son concours pécuniaire ; mais, devant l'énorme et rapide accroissement de notre empire colonial qu'il faut outiller, il a hésité à continuer pour l'avenir les systèmes jusqu'à ce jour employés pour la construction des travaux publics aux colonies, et a cherché un moyen nouveau de venir en aide, sans bourse délier, aux Compagnies concessionnaires.

Ce moyen est la concession de terres jointe à la concession de travaux publics.

Ce procédé, dont nous verrons les applications, mérite un examen très détaillé.

Il présente *a priori* de grands avantages aux Compagnies concessionnaires qui peuvent espérer retirer des bénéfices considérables soit de la vente des terrains qui leur sont concédés, soit de leur exploitation directe, en même temps qu'il assure à l'Etat, à l'expiration de la concession, avec la possession des travaux exécutés, une colonie dotée d'un mouvement commercial, agricole et industriel.

Il touche en cela au problème si complexe de l'exploitation et de la mise en valeur des colonies par « les Compagnies de colonisation » et il semble bien que « la Compagnie de travaux publics », constituée sur la base de la concession de terre jointe à celle de travaux publics, puisse être, au moins théoriquement, le trait d'union entre les partisans du rétablissement des grandes Compagnies de colonisation et leurs adversaires.

Nous examinerons successivement ce que c'est qu'une « concession » en langage colonial ; comment et à quelles conditions elles sont généralement données, leur étendue, et, comme conséquence, leur application à la construction des travaux publics.

1

Dans la séance du 26 février 1897, M. le Commissaire du gouvernement Romieu définissait ainsi, devant le Conseil d'Etat, le contrat de concession : « Le contrat de concession aux colonies n'a d'analogue ni en droit civil ni en droit administratif; c'est un contrat assez mal précisé, un contrat *do ut facias* dans lequel l'autorité concède, confère certains droits au concessionnaire en échange de certaines obligations ». Nous ne voulons point contester l'exactitude de cette définition, mais elle est tout au moins incomplète. Les concessions de travaux publics (chemins de fer, tramways, etc.), les concessions de mines dans la métropole et aux colonies sont également des contrats *do ut facias* comme les définit M. Romieu. Sans doute, le contrat de concession, tel qu'on l'entend généralement aux colonies, est assez mal précisé en ce sens que les obligations imposées au concessionnaire ne sont pas strictement définies, comme dans une concession de chemins de fer par exemple. Mais il a toutefois ce caractère spécial que les droits conférés au concessionnaire portent toujours sur l'exploitation des terrains qui font l'objet de la concession ou sur leur propriété même, et que les obligations du concessionnaire ne sont autres que la mise en valeur de ces terrains.

Les concessions ont pour objet les terres vacantes aux colonies. Or depuis le développement considérable

de notre empire colonial, l'étendue totale des possessions françaises dépasse 5.000.000 de kilomètres carrés.
Il y a donc un grand intérêt à savoir exactement à qui
appartiennent ces terres avant d'entrer dans l'étude des
concessions proprement dites. Aussi nous donnerons
quelques explications rapides sur la question de savoir
si les terres vacantes de nos colonies appartiennent au
domaine privé de l'Etat ou à celui de la colonie (¹).

L'occupation est un mode originaire de la propriété.
Aussi on ne peut contester que l'Etat, par le fait de la
conquête et de l'occupation, ne devienne propriétaire
en même temps que souverain du pays occupé. L'art.
713 du code civil ainsi conçu : « Les biens qui n'ont
pas de maître appartiennent à l'Etat » (²), ne fait que
confirmer cette doctrine, tout au moins en ce qui concerne les terres vacantes et incultes. La discussion
peut s'ouvrir toutefois, au sujet du droit de propriété
de l'Etat sur les terres incultes, mais occupées et possédées par les indigènes. C'est au fond la question de
la légitimité des entreprises coloniales.

On s'est élevé ces dernières années contre l'expansion coloniale au nom de la justice et du droit qui exi-

(¹) Le domaine public se compose de tous les biens du territoire français non susceptibles de propriété privée par leur nature et affectés à un
usage public. Le domaine public de l'Etat aux colonies comprend : la
mer territoriale, le rivage de la mer, les cinquante pas géométriques, les
remparts et les places de guerre.

(²) Voir également l'art. 539 C. civ.

gent qu'on laisse à chaque nationalité la propriété de son territoire.

Cette argumentation, que nous ne développerons pas, ne doit pas faire illusion. Il y a en effet une différence essentielle entre des terrains exploités, effectivement et réellement possédés, et les millions d'hectares, de l'Afrique par exemple, incultes et souvent même inexplorés par ceux qui les possèdent.

« La question est en effet, dit M. Girault, de savoir si les Européens doivent se résigner à tous les maux qu'entraîne l'*over population* pour permettre à quelques milliers de sauvages de se manger entre eux. Or n'est-ce pas là ce qui serait monstrueux ? » (1).

D'ailleurs il n'est point de propriété absolue. Tous les peuples doivent concourir à la vie universelle et à l'harmonie générale. Si l'un d'eux est incapable de participer à l'œuvre commune et de tirer parti des richesses naturelles qui sont entre ses mains, il doit disparaître et céder la place à des bras plus forts, à des intelligences plus vives.

Le monde, selon le mot remarquable de Von Ihering (2) a droit a sa chute.

L'occupation a donc rendu l'Etat légitime propriétaire des terres vacantes qui, au moins à l'origine, ont fait partie de son domaine privé. La question que nous allons maintenant examiner est celle de savoir si l'Etat

(1) Girault, *Principes de législation coloniale.*
(2) Von Ihering, jurisconsulte allemand.

n'a pas à un moment donné fait cession de ses droits aux colonies, c'est-à-dire si les terres vacantes font actuellement partie du domaine privé de l'Etat ou de la colonie.

Il y a une très grande incertitude dans la propriété du domaine privé aux colonies. M. Léveillé, à la date du 1ᵉʳ avril 1897, a déposé sur le bureau de la Chambre un projet de loi pour trancher définitivement la question de savoir si l'Etat a conservé ou non aux colonies la propriété des terres vacantes.

Il semble bien, en ce qui concerne les colonies que nous avons acquises antérieurement à 1825, que la cession par l'Etat de son domaine privé soit tranchée par le texte même des ordonnances de 1825. L'ordonnance du 26 janvier 1825 transformait le régime financier des colonies de la Guadeloupe, de la Martinique et de l'île Bourbon. « Ces colonies, disait l'art. 3 de l'ordonnance, seront désormais chargées de pourvoir sur leurs revenus locaux à toutes les dépenses autres que celles qui sont portées au compte de la guerre et de la marine; à cet effet il leur est fait abandon des dits revenus quelle qu'en soit l'origine et la nature ». Une deuxième ordonnance (17 août 1825) étendant les dispositions de la première aux colonies de la Guyane, du Sénégal et aux Comptoirs de l'Inde, confirmait l'abandon des revenus que nous avons signalés et proclamait la cession du domaine privé de l'Etat à ces colonies. L'art. 3 de l'ordonnance était en effet ainsi conçu : « Les établis-

sements publics de toute nature et les propriétés domaniales existant dans nos diverses colonies, leur seront
remis en toute propriété à la charge de les réparer et
entretenir, et de n'en disposer que sur notre autorisation. Sont également remis aux colonies les noirs et
les objets mobiliers attachés aux différentes branches
du service ». Comme on le voit, l'abandon était for-
mel.

Malgré la précision de ces textes, la discussion sur
la cession par l'Etat des terres vacantes aux colonies
se renouvela à deux reprises, en 1845 et en 1884.

En 1845, l'opposition des colonies à l'émancipation
des noirs du domaine poussa le gouvernement à faire
valoir son droit de propriété. A l'interpellation de
M. Jollivet, rappelant les termes précis de l'ordonnance
que nous venons de citer, M. de Mackau, ministre de
la marine, déclara qu'on avait en effet, en 1825, aban-
donné certains revenus aux colonies pour compenser
les dépenses que la nouvelle organisation leur laissait
supporter. « Mais, ajoutait-il, si on pouvait faire affec-
tation de tels revenus, si on pouvait les abandonner
pendant un temps, l'ordonnance de 1825 était sans
autorité, sans pouvoir pour disposer du domaine ».

Cette argumentation était à peu près sans valeur, car
aux termes de la constitution de 1814, l'ordonnance du
17 août 1825 était bien une loi. La question ne fut d'ailleurs pas résolue. Le ministre des affaires étrangères
déclara que c'était à la justice à trancher le différend et

les parties intéressées se gardèrent bien de se présenter devant les tribunaux.

En 1884, la question fut à nouveau soulevée quand on voulut constituer en Nouvelle-Calédonie les réserves pénitentiaires. On prétendit que les formalités exigées par la loi des 22 novembre-1er décembre 1790 concernant l'aliénabilité du domaine privé, n'avaient pas été observées.

On sait en effet que la loi de 1790, fondamentale en matière domaniale, règle ainsi les aliénations du domaine privé :

1° Au cas de vente, une loi est exigée quand la valeur estimative des immeubles dépasse un million.

2° Au cas d'échange, une loi est exigée;

3° Au cas de concession à titre gratuit ou onéreux une loi est en principe exigée.

Donc dans le cas qui nous occupe, la cession par l'Etat des propriétés composant le domaine privé aurait dû être autorisée par une loi, ce qui n'avait pas été fait.

La réponse à faire à cette nouvelle théorie est la suivante : La loi de 1790 n'a jamais été promulguée aux colonies; et comme pour être exécutoire elle doit, en tant que loi métropolitaine, avoir été l'objet d'une promulgation spéciale, elle ne s'applique pas aux colonies.

D'ailleurs sa promulgation était inutile aux colonies où le domaine privé n'avait pas cessé d'être aliénable (¹).

____

(¹) Demartial, *La question du domaine. Revue politique et parlementaire*, 1897, t. 13, p. 102.

Sous l'ancien régime, l'ordonnance de Moulins, fondamentale en matière domaniale, consacrait l'inaliénabilité des biens de la Couronne, hors deux cas bien déterminés : « l'un pour appanage des puisnez masles de la maison de France.... ; l'autre pour l'aliénation à deniers comptans pour la nécessité de la guerre ». Cette ordonnance ne s'appliqua pas aux colonies; il est donc permis de soutenir que la loi de 1790, n'ayant pas d'objet aux colonies, devait y être sans effet.

La discussion est possible sur tous ces points, mais où l'accord semble se faire plus facilement en faveur du droit de l'Etat, c'est sur la signification des mots « propriétés domaniales » qui ne doivent pas avoir la signification générale qu'on leur donne en raison de l'énorme développement du domaine privé colonial actuel. On peut soutenir avec une certaine vraisemblance que les ordonnances de 1825 ont voulu désigner les biens susceptibles de revenus et non les terres vacantes et sans maître.

En tout cas, en présence de la situation de fait actuelle, si différente de celle de 1825, il est permis de repousser les conséquences strictes des ordonnances, qui certainement n'ont pas été et ne pouvaient pas être dans l'esprit du législateur, et partant de considérer comme intact le droit de l'Etat à la possession des terres vacantes et particulièrement à celles du domaine africain.

En fait, l'abandon semble bien exister en faveur des

colonies et le produit des aliénations domaniales figure dans presque tous les budgets locaux.

Il n'y a toutefois rien d'absolu, et si les colonies consentent des aliénations du domaine, l'Etat de son côté a accordé de nombreuses concessions depuis 1889, particulièrement au Congo et à Madagascar.

Aux colonies, jusqu'en 1848, c'étaient les conseils coloniaux qui statuaient en matière domaniale mais sous réserve de la sanction du roi (¹). Un décret du 27 avril 1848 remplaça les conseils coloniaux par les conseils généraux. Ceux-ci héritèrent des droits des conseils coloniaux en matière domaniale, avec cette différence que leurs décisions sont définitives et valent par elles-mêmes.

Quant à l'Etat, il a jusqu'à présent statué par voie de décrets, s'autorisant de l'art. 18 du sénatus-consulte du 3 mai 1854 ainsi conçu : « Les colonies autres que la Martinique, la Guadeloupe et la Réunion sont régies par décrets de l'empereur jusqu'à ce qu'il ait été statué à leur égard par un sénatus consulte ».

Il y a encore ici une situation très discutable, car notre empire colonial ne s'est formé et développé que postérieurement à 1854. A cette époque, la question de l'appropriation des terres vacantes et incultes n'était ni posée ni même prévue, et il est dès lors téméraire, comme nous l'avons fait remarquer à propos de l'or-

(¹) Loi du 28 avril 1833.

donnance de 1825, d'appliquer des dispositions législatives à un état de choses pour lequel elles n'ont certainement pas été faites.

Nous verrons que le gouvernement, comme d'ailleurs les conseils généraux, ont parfois usé avec une certaine légèreté des droits qui leur étaient ainsi attribués. Les exemples de concessions accordées sans souci, semble-t-il, de l'intérêt général, sont encore les meilleurs arguments en faveur de la nécessité de remédier par une loi à l'incertitude qui existe dans l'attribution du domaine privé colonial, et de déterminer les formes de son aliénation.

II

Le cadre de ce travail ne nous permet pas de nous étendre sur les formes et conditions diverses qui président dans chacune de nos colonies à l'aliénation des terres domaniales ([1]).

Nous nous bornerons seulement à exposer les principes économiques généraux qui doivent présider à l'aliénation du domaine.

Les procédés en usage sont au nombre de deux : la concession à titre gratuit et la concession à titre onéreux, sans qu'il y ait à distinguer si la concession porte seulement sur l'exploitation des terres concédées ou sur leur propriété.

([1]) Voir sur ce point l'ouvrage très documenté de M. Hamelin, *Concessions coloniales*.

A priori, la concession à titre gratuit présente de grands avantages : elle attire le colon, séduit par la perspective de la propriété, elle lui laisse son capital qui peut être ainsi employé intégralement à la mise en valeur du sol; enfin elle est une garantie de bonne colonisation, puisque généralement elle ne devient définitive, en ce qui concerne la propriété, qu'autant que les terres qui en fond l'objet ont été exploitées.

Ces avantages ne sont pas unanimement acceptés et M. Leroy-Beaulieu, dans son ouvrage « *De la colonisation chez les peuples modernes* », semble se montrer l'adversaire de ce mode d'aliénation. Selon lui, la propriété n'a d'attrait pour le colon qu'autant qu'elle est entière et irrévocable, ce qui n'existe généralement pas dans les concessions à titre gratuit, et d'autre part, l'expérience prouve, dit-il, que les colons émigrent plus facilement vers les colonies où les terres sont vendues.

Wakefield, d'autre part, a préconisé et organisé un système de concessions à titre onéreux, ou plus exactement de ventes de terres, dont le but est de conserver dans la colonie un équilibre entre le capital et le travail.

Aussi bien l'un et l'autre ne semblent avoir eu en vue que les colonies de peuplement.

La situation de Wakefield dans l'administration coloniale anglaise (¹) et son souci constant de conserver (et c'est là l'économie de son système) la main-d'œuvre

(¹) Wakefield, fonctionnaire du gouvernement anglais en Australie et au Canada, colonies de peuplement.

coloniale en quantité suffisante en sont la preuve, bien qu'il ait prétendu que son système était d'une application générale.

Quant à l'objection tirée de la précarité de la concession, il n'y a pas à y attacher une trop grande importance. Ou bien en effet le colon a demandé et obtenu une grande concession dans un but de spéculation possible sur la revente des terres et l'État n'a pas à le favoriser, ou bien il vient aux colonies pour travailler, et alors la condition de mise en valeur qui lui est imposée pour obtenir la concession en toute propriété ne doit pas le décourager, puisqu'elle est le moyen d'atteindre le but même de son émigration.

Quant à nous, il ne nous paraît pas qu'il soit possible de répondre d'une façon générale et absolue à la question de savoir quel est le meilleur procédé d'aliénation : de la concession à titre gratuit ou de la concession à titre onéreux. Il y a une double distinction à faire, d'une part, entre les colonies de peuplement et les colonies d'exploitation, et, d'autre part, entre les petites et les grandes concessions.

Pour les colonies de peuplement, qu'il s'agisse de petites ou de grandes concessions, la concession à titre onéreux a généralement donné d'excellents résultats, quelle que soit d'ailleurs la forme employée : vente aux enchères, vente à l'amiable ou vente à prix fixe (¹).

(¹) V. la théorie du « prix suffisant », d'après Wakefield, dans Hamelin, *Concessions coloniales.*

L'aliénation à titre onéreux (généralement une vente) permet d'éviter la dispersion des colons ; elle est parfois un obstacle à la trop grande propriété qui, dans les colonies de peuplement, n'est d'aucune utilité ; enfin elle ménage la main-d'œuvre au colon. Là, en effet, où le système des concessions à titre gratuit a lieu, tout le monde veut être propriétaire.

Au contraire, dans les colonies d'exploitation caractérisées par ce fait que les émigrants y sont peu nombreux et y forment, à proprement parler, la classe dirigeante, et que la main-d'œuvre y est fournie par les indigènes, il y a lieu de distinguer les petites et les grandes concessions.

Pour les petites concessions (¹), il semble bien que la cession à titre gratuit soit d'une excellente application. Le petit colon est en effet le véritable agent de la colonisation. Il a généralement des capitaux modestes, quoique déjà assez importants, et il vient aux colonies avec le désir d'y travailler et d'y faire fortune. C'est lui qui va entrer en contact journalier avec les indigènes ; il fera les premiers défrichements, organisera des exploitations agricoles et créera en quelque sorte une façon de culture intensive. L'Etat a un intérêt immédiat à voir dans ses colonies un grand nombre de ces colons. C'est pourquoi la concession à titre gratuit nous paraît le meil-

---

(¹) Sans qu'il soit nécessaire de préciser ce qu'est exactement une petite concession, on peut distinguer la concession de quelques centaines d'hectares de celle qui se chiffre par centaines de mille hectares.

leur moyen d'aliénation des terres domaniales pour les petites étendues de terres.

La situation n'est pas la même pour les grandes concessions. Celles-ci sont généralement faites à des sociétés, disposant de capitaux considérables et qui ont moins en vue la mise en valeur du sol que l'exploitation de ses richesses naturelles. Ces concessionnaires ne sont donc pas des colons à proprement parler et l'Etat n'est plus tenu à leur égard à autant de ménagements. S'il leur ouvre ses magasins, il peut leur vendre sa marchandise, c'est-à-dire imposer au concessionnaire certaines obligations. Une administration bien comprise de son domaine colonial exige même qu'il agisse ainsi.

Donc, en ce qui concerne les colonies d'exploitation, nous pensons que le procédé le plus favorable au développement de la colonisation est, au point de vue de l'aliénation des terres vacantes, la concession à titre gratuit pour les petites concessions. Quant aux grandes concessions, qui sont le plus souvent des concessions d'exploitation, elles doivent être faites à titre onéreux, au moins quand elles comportent une aliénation possible du fonds.

En fait, pendant ces dernières années, les conseils généraux aux colonies et l'Etat statuant par voie de décrets se sont montrés d'une largesse souvent exagérée dans les concessions qu'ils ont accordées ; nous en rappellerons quelques-unes afin de montrer la possibilité d'exiger du concessionnaire certaines prestations.

Il y a quelques années, on découvrit dans les forêts de la Guyane un arbre, le *balata,* produisant une résine ayant toutes les propriétés de la gutta-percha. L'exploitation devait en être très fructueuse, aussi les demandes affluèrent au conseil général ; elles furent presque toutes accueillies et accordées pour une durée de quatre années.

Au bout de la première année, un des concessionnaires dont la concession portait déjà sur une étendue de 100.000 hectares sollicita du conseil général la transformation de son permis d'exploitation d'une durée de quatre années en une concession définitive en toute propriété et bien entendu gratuite. Bien plus, il demandait, dans les mêmes conditions, une nouvelle concession de 100.000 hectares, en même temps que l'autorisation de transférer la concession totale, soit 200.000 hectares, à une Compagnie américaine la « Franco-American Rubber company » ([1]).

Le Conseil général ne fit aucune difficulté, il souscrivit et même au-delà, dans sa délibération du 11 décembre 1895, à toutes les demandes du concessionnaire, M. J.-M. Jean. Non seulement, en effet, les concessions demandées étaient accordées sans aucune condition, mais les produits du sol, récoltés par la Compagnie, devaient être, pendant une durée de dix ans, exemptés de tous droits de sortie. Cette délibération

([1]) V. rapport de M. Pauliat au Sénat, sur les Compagnies privilégiées de colonisation, en 1897.

fut acceptée et rendue exécutoire par un arrêté du gouverneur du 28 janvier 1896.

Or, il semble bien que si jamais concession eût dû être faite à titre onéreux, c'était bien celle-ci. La première concession d'exploitation datait en effet du mois d'avril 1895, et si on peut admettre, en raison de sa nouveauté, la gratuité dont elle avait bénéficié, on ne se trouvait pas en décembre, c'est-à-dire huit mois après, dans les mêmes conditions. Le concessionnaire avait eu tout le temps d'examiner la qualité, la quantité des produits à récolter, d'organiser son exploitation en vue d'un rendement rémunérateur, et, si près cette expérience il venait demander une concession plus complète, plus étendue et l'autorisation de céder ses droits à une Compagnie qui les acceptait, c'est que l'affaire était bonne, nous dirons même excellente. Dans ces conditions, la colonie aurait pu, et c'était même son devoir, songer elle aussi à ses intérêts et stipuler à son profit quelques avantages, l'établissement de routes par exemple.

Nous allons examiner maintenant, seulement au point de vue qui nous occupe (avantages et obligations des concessions), deux concessions accordées cette fois directement par l'Etat, mais avec la même imprévoyance.

Un décret du 21 octobre 1893, accordait à M. Verdier, dans la colonie de la Côte d'Ivoire, la concession exclusive de l'exploitation des bois dans le territoire compris entre la rive droite de la rivière Tanoé et la rive gauche de la rivière Lahou.

Cette concession, portant sur 5 millions d'hectares, comportait :

1º Le droit exclusif d'exploiter les forêts existant dans l'étendue de la concession, et, comme conséquence, l'expropriation, au profit du concessionnaire, de toutes les maisons françaises faisant le commerce des bois à la Côte d'Ivoire ;

2º La propriété de tous les terrains et de toutes les mines ouverts à l'exploitation par le concessionnaire pendant les trente années que devait durer la concession.

Comme contre-partie, le concessionnaire devait verser au budget de la colonie (art. 5) :

1º Une redevance fixe de 5.000 fr. par an ;

2º Un droit de 3 fr. par bille exportée. C'était vraiment peu en échange des avantages accordés ; aussi, lors de la formation du capital social porté à 2.050.000 fr. comprenant 4.100 actions de 500 fr., M. Verdier put-il en prendre 2.800 pour sa part, en échange de l'apport de ses établissements et du titre de la concession. Les 1.300 autres actions furent souscrites en espèces, soit 450.000 fr., ce qui était notoirement insuffisant (¹).

______

(¹) La concession fut retirée à la date du 4 sept. 1895, et ce retrait donna lieu à un procès entre l'Etat et la Compagnie. Une transaction est intervenue entre le Ministre et la Société de Kong (Verdier). On donna à la

La seconde de ces concessions était encore plus complète, plus absolue et elle portait non plus sur 5 millions mais sur 11 millions d'hectares.

Un décret du 17 novembre 1893 concédait en effet à M. Daumas, pour une période de trente années, « la » libre disposition, en jouissance pleine et entière, de » tous les territoires du domaine colonial compris dans » le bassin supérieur de l'Ogooué…. ; la disposition » exclusive et gratuite de toutes les installations offi- » cielles actuellement établies dans le bassin du Haut- » Ogooué, non compris N'Djolé ». Ajoutons à cela le droit exclusif de rechercher et d'exploiter les mines, et la propriété des terrains qui auront été exploités.

Comme contre-partie : il était imposé au concessionnaire l'obligation d'assurer par ses propres moyens et sous le contrôle de l'administration la sécurité et la protection de ses établissements, de maintenir, au point de vue politique, les résultats de l'occupation officielle, enfin, ce qui est dérisoire, la justification d'un capital d'exploitation de 2 millions de francs, soit une dépense possible de 20 centimes par hectare. Et c'est tout.

De même que pour la concession Verdier, un arrêté du Ministre des colonies, en date du 27 février 1896, prononça la déchéance du concessionnaire. Un procès

Compagnie 300.000 hectares de terre en toute propriété, mais on supprima le monopole. En retour, la Côte d'Ivoire doit verser à la Société une indemnité fixe de 250.000 fr. et quatorze annuités de 125.000 fr. chacune. Comme on le voit, la concession coûte cher à la colonie.

en fut la conséquence. A la suite de ce procès, une convention est intervenue entre le Ministre des colonies et la Société du Haut-Ogooué, dans laquelle on semble s'être préoccupé de l'intérêt et du développement de la colonie. Le contrat de concession stipule en effet que la Société, en échange des avantages qui lui sont concédés, devra exécuter certains travaux d'utilité publique : création de routes et amélioration du cours de l'Ogooué.

Nous devons ajouter que l'on a pris souci dans ces derniers mois de ménager certains avantages au profit des colonies, dans les concessions qui ont été accordées, notamment au Congo (¹).

En résumé, nous pensons que l'aliénation à titre onéreux doit être, en thèse générale, le seul mode adopté pour les grandes concessions. Et il faut entendre par ces mots « à titre onéreux » non pas une vente,

(¹) La dernière concession accordée est du 21 novembre 1899. Elle est faite à MM. Paquier, Mimerel et Kunkler. Elle porte sur certains territoires du Congo, délimités dans l'acte de concession. — La Société qui sera constituée au capital de 1.250.000 fr. par les concessionnaires (Compagnie du N'Goko, Ouesso) devra verser dans la caisse du trésorier payeur de la colonie ou à une caisse publique métropolitaine désignée par le Ministre des colonies : 1º une redevance fixe annuelle de 6.500 fr. pendant cinq ans à partir du 1ᵉʳ janvier 1900 ; de 9.500 fr. pendant les cinq années suivantes ; de 13.000 fr. à partir de la onzième année ; 2º 15 p. 100 du revenu de la Société calculé comme il est dit à l'art. 22 du cahier des charges. — De plus, la Compagnie devra entretenir sur les cours d'eau navigables qui traversent le territoire concédé ou qui le relient au Stanley-Pool, deux bateaux à vapeur dont un de grand modèle. Elle assurera le service de la poste.

mais l'obligation par le concessionnaire de rendre certains services à la colonie et à la colonisation.

Ces services consisteront généralement dans le tracé et la construction de routes, l'amélioration du cours des fleuves et rivières, la création de stations destinées à faciliter l'établissement des colons, en un mot dans l'exécution de travaux publics pouvant contribuer au développement de la colonisation.

Mais s'il est utile à l'œuvre de la colonisation d'exiger de la part des bénéficiaires de concessions l'accomplissement de certains travaux, peut-on, à l'inverse, subventionner une Compagnie concessionnaire de travaux publics au moyen de dotations de terres? Quels sont les avantages, pour l'Etat et pour la colonie, de ce nouveau procédé?

Tels sont les points que nous allons examiner.

III

Le point de départ de la préconisation en France de la dotation de terres, comme subvention de l'Etat aux Compagnies concessionnaires de travaux publics aux colonies a été le mouvement considérable qui s'est produit, il y a quelques années, dans l'opinion et au Parlement, en faveur du rétablissement des grandes Compagnies de colonisation.

Ce mouvement n'était d'ailleurs que la conséquence de l'effort énorme, fait pendant les vingt années précédentes, par les peuples d'Europe, pour la conquête du continent africain. L'exemple donné par l'Angleterre, l'Allemagne, le Congo, le Portugal ([1]) avait ému le personnnel colonial français, et il se rencontra tant au Conseil supérieur des colonies que dans le sein du Parlement, des hommes convaincus de la nécessité de restaurer, sous une forme moderne, les anciennes Compagnies de colonisation. Pouvait-on le faire? Y avait-il lieu de le faire? N'avions-nous pas dans nos lois et notre organisation économique de quoi suffire au développement de nos colonies? Tels sont les points qui furent discutés et qui donnèrent lieu au dépôt de rapports très intéressants en cette matière, en même temps qu'à de très vives discussions au Conseil supérieur des colonies ([2]).

La création des Compagnies privilégiées, conformément à l'avis du Conseil supérieur des colonies en date du 6 juin 1891, devait comporter de la part de l'Etat l'abandon de certains droits souverains ([3]). Dans ces

---

([1]) Royal Niger Company; British south african Company; — Compagnie allemande de l'Afrique orientale; Compagnie allemande de la Nouvelle-Guinée; — Compagnie belge du Congo; — Compagnie portugaise du Mozambique.

([2]) Voir spécialement les Annexes du projet de loi, déposé par M. Jules Roche (18 juillet 1891) et le compte-rendu des séances du Conseil supérieur des colonies.

([3]) 1o Droit de percevoir, en échange de services publics, sur les indigènes et les colons, des contributions en espèces ou en nature dont l'Etat, sur les propositions de la Compagnie, fixera la quotité, l'assiette et le mode de recouvrement; 2o Droit d'organiser l'administration rudimentaire de

conditions, il y avait lieu d'examiner si le gouvernement pouvait, comme au cas d'aliénation ordinaire du domaine, procéder par décret en s'appuyant sur le sénatus-consulte de 1854 ou s'il y avait lieu de faire une loi organique sur la matière.

Il ne nous semble pas possible, quant à nous, d'admettre que le gouvernement puisse, par simple décret, faire abandon de sa puissance publique ou d'une partie de sa souveraineté. Bien plus, on peut discuter, et avec raison, la ligitimité constitutionnelle d'une loi qui l'autoriserait à le faire. Ainsi que l'a fait remarquer M. Leveillé au Conseil supérieur des colonies, « la délégation porterait sur des devoirs encore plus que sur des droits, et un Etat qui ferait cession de ses devoirs déserterait, ferait faillite à sa haute mission » (¹).

La création des Compagnies privilégiées cadrait parfaitement avec l'organisation féodale de l'ancienne France. Ces Compagnies étaient en réalité de grands vassaux de la couronne, et les concessions qu'elles accordaient aux colons qui venaient s'installer sur leurs terres, formaient, suivant les conditions de la cession,

toute agglomération de colons qui viendrait à se former sur leur territoire ; 3º Attribution, en vertu d'une commission spéciale du gouvernement, des fonctions d'état civil et d'officiers de police judiciaire aux agents de la Compagnie dans le ressort de leur résidence ; 4º Droit de constituer, dans le but d'assurer la sécurité intérieure de la colonie, une force de police européenne ou indigène dont le commandement appartiendra exclusivement à des Français et dont l'organisation sera soumise à l'agrément du gouvernement français.

(¹) Séance du 3 novembre 1891 au Conseil supérieur des colonies.

de véritables seigneuries, jouissant à leur tour des droits et privilèges féodaux (¹).

Il n'en est pas de même aujourd'hui, et nous pensons avec l'autorité de jurisconsultes éminents (²) que notre constitution démocratique, et la conception de l'Etat moderne s'opposent à ce que des délégations, même partielles, de souveraineté soient consenties à des particuliers (³).

Le Conseil supérieur des colonies ne fut pas de cet avis, et un projet de loi contenant deux articles fut proposé au vote du Sénat. L'article 1ᵉʳ était ainsi conçu : « Des Compagnies privilégiées, formées en vue de coloniser et de mettre en valeur les territoires situés dans les possessions françaises ou placés sous l'influence de la France, peuvent être constituées par des décrets rendus dans la forme des règlements d'administration publique ». C'était, comme on le voit, une abdication légale de la part du pouvoir législatif.

Ce projet n'eut heureusement pas de suites et c'est alors que M. Lavertujon déposa en son nom personnel une nouvelle proposition. La commission chargée de son examen apporta à ce projet de nombreuses modifications, et en réalité le transforma. Il n'y est plus question de Compagnies privilégiées, mais de bénéfi-

(¹) V. Pauliat, *Colonisation sous l'ancien régime.*
(²) MM. Leveillé, Cauwès, Godin, etc.
(³) Il n'y a pas de comparaison à établir avec la délégation de souveraineté consentie aux fonctionnaires ; celle-ci a en effet pour garantie d'être à tout instant révocable et le fonctionnaire n'est qu'un agent.

ciaires de concessions d'une étendue supérieure à
1.000 hectares. Les droits de souveraineté ont complètement disparu pour laisser place au droit d'organiser
une force de police, analogue à celle existant dans nos
villes de France et qui dépend de la municipalité,
mais seulement dans les cas où elle serait reconnue
indispensable pour assurer la sécurité (¹).

D'ailleurs est-il bien nécessaire, étant donné nos
procédés actuels de colonisation et surtout de conquête
coloniale, de recourir aux Compagnies privilégiées ?
Nous ne le pensons pas. Si l'on se reporte en effet à
l'histoire coloniale de l'ancien régime et à celle des
Compagnies à Chartes, on constate en fait qu'elles ont
été créées à la fois pour la conquête et pour la colonisation. Le principe adopté par Louis XIII et Richelieu
en matière de colonisation était que l'Etat ne devait
rien dépenser et que toute entreprise devait être faite
avec les deniers particuliers. Dès lors, il fallait armer
les Compagnies pour leur permettre la lutte et la conquête, il fallait les indemniser pour l'argent englouti
dans les entreprises aventureuses et l'on s'explique à
merveille, ce qui d'ailleurs était en harmonie avec l'état
de choses actuel, les droits souverains dont elles étaient
investies, en même temps que les monopoles dont elles
jouissaient.

(¹) Art. 12 du nouveau projet. V. le Rapport de M. Pauliat sur la proposition de loi de M. Lavertujon, 12 juillet 1897.

Aujourd'hui, au moins en ce qui nous concerne (¹), rien de semblable. C'est l'Etat qui fait la conquête, qui crée l'organisation politique et la « Compagnie » ne doit jouer un rôle que dans la colonisation. Elle doit fonder des exploitations, ouvrir des comptoirs, faire des échanges de produits avec les indigènes, en un mot, elle ne doit être investie que d'une fonction exclusivement économique. Il n'y a donc nul besoin de légiférer, et on peut trouver dans nos lois des éléments suffisants pour organiser ce qui n'est au fond qu'une vaste entreprise commerciale.

Nous avons vu l'importance des chemins de fer en matière de colonisation, et la nécessité de commencer toute entreprise coloniale par l'ouverture de voies de communication, aussi la compagnie de chemins de fer va nous donner, sauf à le modifier, l'instrument que nous cherchons pour favoriser le développement d'une colonie naissante.

M. Léveillé a développé cette idée avec beaucoup d'ingéniosité, montrant à la fois l'influence bienfaisante de la Compagnie de chemins de fer ou plus généralement de la Compagnie de travaux publics, en même temps que l'importance des dotations de terres comme subvention de l'Etat dans la construction des travaux publics (²).

En France, le rôle des Compagnies de chemins de fer

(¹) Il n'en est pas tout à fait de même en Angleterre.
(²) Leveillé, *Les Compagnies souveraines de colonisation.*

est la construction de la voie, puis son exploitation. Elles ne font que des transports. La division du travail qui est le trait caractéristique des pays civilisés lui permet d'agir de la sorte. L'agriculteur récolte les fruits de la terre, l'industriel transforme les produits bruts, le commerçant apporte au consommateur les objets de toute nature propres à sa consommation ; il se fait entre les uns et les autres un mouvement perpétuel de marchandises, que la Compagnies de chemins de fer n'a pas à créer, mais qu'elle se borne à assurer par ses transports.

Il n'en est pas toujours ainsi et l'on conçoit que dans un pays neuf il y ait à créer à la fois le trafic et les moyens de transport.

La Compagnie peut elle assurer l'un et l'autre ? « D'une façon très simple, répond M. Leveillé. L'Etat, en même temps qu'il concèderait la voie à la société, lui concèderait du même coup, sur une largeur à débattre, une bande profonde du terrain limitrophe que la Société aurait aussitôt le devoir exprès de peupler dans les délais préfixés. Si le climat permettait d'installer des Français dans la région parcourue, la Société devrait y installer des Français. Ceux-ci, assurés désormais, grâce à la voie rapide, de leurs approvisionnements et de leurs débouchés, garantis en outre par le voisinage de leurs compatriotes contre la nostalgie, investis enfin de la propriété incommutable de leurs lots, sous l'obligation d'y planter des matières d'exportation, ceux-ci, dis-je, fourniraient bientôt un aliment constant aux wagons de la Compagnie, un revenu à peu près régulier à ses titres » (¹).

De cette façon et tout en construisant son réseau, la Compagnie sèmerait « abondamment et d'avance le fret de l'avenir ».

Si l'on examine maintenant les avantages de cette combinaison, ils paraissent nombreux. D'une part elle assure le développement rationel et normal de la colonie.

Pour la Compagnie, la création, ou en tout cas l'augmentation du trafic et la perspective de bénéfices, quelquefois considérables, par la vente des terres aux colons attirés par le voisinage du chemin de fer (²).

Pour l'Etat, la possession, à l'expiration de la concession, d'un chemin de fer qui n'aura jamais été pour lui le sujet d'aucune préoccupation budgétaire, et une colonie en plein rapport.

De ces considérations, on a conclu à la possibilité pour l'Etat de subventionner les Compagnies concessionnaires de travaux publics aux colonies au moyen de vastes concessions de terres.

L'examen critique de ce procédé ne peut se faire *à priori,* et il est nécessaire, pour se rendre compte de sa valeur, de parcourir les différents projets établis sur cette base.

____

(¹) Leveillé, *op cit.*

(²) Certaines Compagnies américaines ont gagné des sommes considérables en revendant des terres aux colons.

CHAPITRE VI

L'application de ces principes, dont nous nous réservons d'apprécier plus loin l'économie et la possibilité, dans nos possession coloniales, devait être tentée dans notre colonie de Madagascar par le ministre des colonies M. Lebon.

La création d'un réseau, si rudimentaire fût-il, de voies de communication était de toute nécessité dans notre nouvelle colonie africaine.

Pendant longtemps, en effet, et jusqu'au moment de l'occupation, il n'y avait eu à Madagascar que des sentiers difficilement praticables ou plus exactement encore des pistes à peine tracées, suivant ordinairement les lignes de crêtes. Ces sentiers, inaccessibles même aux animaux de bât, étaient praticables seulement pour l'homme, qui y remplit d'ailleurs, sous le nom de bourjane, le rôle de bête de somme.

Au cours de l'occupation, le service du génie s'était déjà occupé de substituer à ces sentiers des chemins muletiers et des routes carrossables, mais il y avait et il y a encore fort à faire pour doter ce pays, plus vaste et plus accidenté que la France, des voies de communication indispensables à toute tentative sérieuse de colonisation.

D'autre part, une faible partie des fonds provenant de l'emprunt de 1880 (¹), en même temps que la main-d'œuvre fournie par le régime des prestations en nature, avaient été utilisées pour la réfection et l'établissement de voies stratégiques destinées à assurer la sécurité de l'occupation, mais tout cela était bien peu de chose.

Aussi bien, dans ces circonstances, le département des colonies était-il disposé à accueillir favorablement toute proposition devant l'aider dans sa lourde tâche.

Dans le courant du mois de mai 1896 se constituait la Société auxiliaire de la colonisation française à Madagascar au capital de 300.000 francs, dont 120.000 francs, étaient entièrement versés par les souscripteurs, parmi lesquels s'en trouvaient de très importants, à savoir : la Société de construction des Batignolles, la Société des anciens établissements Cail et la Société générale.

Quelques semaines avant la constitution définitive de la Société, certains membres fondateurs avaient sollicité du gouvernement l'autorisation de faire des études relativement à la construction et à l'exploitation

---

(¹) Construction de blockhaus dans l'Emyrne 300.000 ; routes de Tananarive à Tamatave et à Fianarantsoa 800.000 ; établissement de phares à Tamatave et à Majunga 300.000.

d'une route carrossable à péage de Fianarantsoa à un point de la côte Est de Madagascar. Dès lors et aussitôt constituée, la Société fit procéder dans le courant de l'année 1896 aux études nécessaires au tracé et à la construction de la nouvelle route.

Enfin à la date du 7 août 1896, elle formulait une demande définitive de concession, et le 8 janvier 1897 une convention provisoire était passée entre le Ministre des colonies et M. Jules Plassard, au nom de la Société, portant concession à la Société auxiliaire de la colonisation française à Madagascar d'une route à péage pouvant être ultérieurement convertie en une ligne de chemin de fer entre Fianarantsoa et la côte Est de Madagascar.

Nous avons dit convention provisoire, car le gouvernement, dans la séance du 7 décembre 1896, répondant à une interpellation de M. Michelin au sujet de Madagascar, avait pris l'engagement de soumettre à l'approbation du Parlement les concessions de chemins de fer qu'il pourrait y avoir lieu de faire dans cette colonie. La convention du 8 janvier devait donc, pour être définitive, étant donné la transformation possible et prévue de la route en voie ferrée, être soumise à l'approbation du Parlement.

Cette convention, dont nous étudierons plus loin le détail, présentait ce caractère particulier et jusqu'alors iuconnu dans les concessions françaises de travaux publics qu'elle ne comportait de la part de l'Etat ni garantie d'intérêts, ni subvention pécuniaire, mais seulement la concession de 20.000 hectares de forêts à choisir par la Société, d'accord avec le résident général à Madagascar.

Une semblable combinaison, qui avait l'avantage de doter Madagascar de la première grande voie de communication, et spécialement d'ouvrir au pays de Betsileo, riche, cultivé et peuplé, un débouché vers la mer, sans qu'il en coûtât rien ou presque rien au Trésor, devait séduire immédiatement le Ministre des colonies.

Jusqu'alors, en effet, les entreprises de ce genre avaient créé des obligations dispendieuses pour les finances publiques; aussi M. Lebon se montra-t-il l'avocat résolu de ce nouveau procédé plaidant la cause de la Société concessionnaire à la fois devant le monde financier susceptible d'apporter des fonds à l'entreprise et devant le Parlement. « Le département, disait-il dans l'exposé des motifs, a fait accueil à cette demande d'autant plus volontiers que, comme le montre l'exemple de l'Amérique, les concessions de terres accordées aux Compagnies de transport sont un puissant moyen de développer la colonisation ». « Le procédé des concessions de terres, dit M. Picard, dans son *Traité des chemins de fer*, a été en Amérique beaucoup plus efficace que celui de la garantie et des avances en argent. Les efforts des Compagnies ont imprimé à la colonisation un essor énorme dont elles n'ont pas tardé à recueillir les fruits ». Pour ne citer que deux exemples à l'appui de l'opinion de M. Picard, la Compagnie de l'Illinois central a pu, avec le produit des terrains qui lui avaient été concédés, rembourser un emprunt de 70 millions à 7 0/0 d'intérêts qu'elle avait contracté pour la construction de la ligne. La Compagnie du Balhern-Pacific Railroad avait, au 30 juin 1895, retiré 175 millions de la vente d'une partie des terrains qui lui avaient été concédés; l'une et l'autre ont développé dans une énorme proportion le trafic de leurs lignes, grâce à la colonisation dont elles avaient été les agents les plus actifs. Le Canada a suivi l'exemple des Etats-Unis et on ne peut que souhaiter voir, dans un pays neuf comme Madagascar, la spéculation chercher des bénéfices dans le développement de la richesse due à la mise en valeur des terres domaniales ».

Tels étaient les exemples et les encouragements que le Ministre présentait au Parlement à l'appui de cette convention, dont l'art. 1er était ainsi conçu : « Le Ministre des colonies accorde à la Société auxiliaire de la colonisation française à Madagascar qui accepte :

» 1° La concession de la construction et de l'exploitation d'une route de Fianarantsoa à la mer sur la côte Est et celle d'un chemin de fer à établir, s'il y a lieu, entre les mêmes points, ainsi que les quais et wharfs à construire éventuellement au point terminus de ladite route ;

» 2° La concession de 20.000 hectares de forêts à choisir par la Société, d'accord avec le résident général à Madagascar, parmi celles dont la colonie peut disposer, savoir : 10.000 hectares dans la région traversée par la route et 10.000 hectares dans la région de Fort-Dauphin.

» A défaut d'accord sur la désignation des terrains à comprendre dans la concession, il sera statué par trois arbitres désignés l'un, par le Ministre des colonies, le second par le concessionnaire et le troisième par le président de la cour d'appel de Paris ».

Comme on le voit, l'art. 1er contenait deux éléments bien distincts ; d'une part, la concession de terres, élément nouveau qui était la subvention de l'Etat pour la construction de la route, d'autre part, la concession d'un service de transports réguliers, soumis à un jeu de tarifs contenu dans le cahier des charges annexé à la convention et dont le principe était de réduire le prix du transport en raison de l'augmentation de trafic, enfin l'autorisation donnée à la Société de percevoir un droit de péage pour la circulation.

Ces deux derniers avantages se justifiaient d'ailleurs pleinement.

Il était en effet rationnel que le concessionnaire, pour rémunérer le capital de construction engagé, pût retirer un profit direct des transports effectués sur la route, d'où le droit de péage. D'autre part, comme il n'y avait à Madagascar ni matériel roulant, ni animaux de traits, l'importation du matériel et des animaux nécessaires à la traction, les installations à créer le long de la route devaient nécessiter des capitaux considérables qui ne s'engageraient dans une pareille entreprise, où les bénéfices résultant du transport seraient fort aléatoires, qu'à la condition formelle de trouver une garantie dans le monopole du transport.

D'ailleurs, les intérêts de la colonie se trouvaient sauvegardés par ce fait qu'elle pouvait en tout temps supprimer le monopole par le rachat de la concession (art. 75 du cahier des charges), et par la faculté qu'elle avait d'obliger le concessionnaire à employer une partie de ses bénéfices à la construction de nouvelles routes ou d'un chemin de fer (¹).

Aussi bien les conséquences économiques devant résulter de l'ouverture de cette nouvelle voie s'annonçaient comme excellentes pour la colonie. On sait en effet qu'à Madagascar le coût du transport était particulièrement élevé ; il fallait compter entre 500 et 600 fr. pour transporter avant l'occupation, au moyen de por-

---

(¹) Art. 7 de la Convention : « Quand le produit net de l'exploitation des voies de communication concédées à la Société, y compris l'amortissement, dépassera 10 p. 100 du capital de premier établissement de ces voies et du coût du matériel roulant, de l'outillage et de la cavalerie affectés à leur exploitation, le Ministre des colonies pourra obliger la Société à construire et à exploiter des routes ou des chemins de fer répondant à des besoins commerciaux en extension des concessions définies au présent traité. — Art. 9 : ..... pour les recettes afférentes à ces voies de communication, le produit net défini par l'art. 7 sera, dans ce cas, fixé à forfait à 40 p. 100 de la recette brute ».

teurs ou bourjanes, une tonne de marchandises entre Tamatave et Tananarive.

Avec la conquête, le nombre des consommateurs s'étant augmenté (¹) le nombre des bourjanes était par contre resté stationnaire et il s'était produit fatalement une élévation considérable dans le prix des transports. On payait, en 1897, pour le transport de la tonne entre Tamatave et Tananarive, de 1.300 à 1.400 fr. pour les services administratifs et de 1.700 à 1.800 fr. pour les services privés du commerce et de l'industrie.

Or les tarifs maxima (art. 20 du cahier des charges) acceptés par la Compagnie étaient les suivants :

1° *Péage pour les transports particuliers :*

La circulation des piétons n'ayant pas d'autres charges que leurs bagages personnels, ne sera soumise à aucune taxe.

Piétons chargés ou cyclistes :

Par voyageur et par kilomètre, 5 centimes.

Par cycliste et par kilomètre, 5 centimes.

Chevaux, mulets, ânes, bœufs, etc., portant un fardeau ou traînant une voiture :

Par bête et par kilomètre, 10 centimes.

Voitures et charrettes chargées ou non chargées (y compris le chargement mais non compris l'attelage):

Par voiture ou charrette et par kilomètre, 10 centimes.

(¹) 5.000 à 6.000 Européens.

Voitures automobiles ne transportant que des voyageurs et leurs bagages personnels :

Par essieu et par kilomètre, 10 centimes.

Voitures ou charrettes automobiles transportant des marchandises :

Par essieu et par kilomètre, 20 centimes.

Bestiaux :

Par bête et par kilomètre, 5 millimes.

2° *Transports effectués par la Société (péage compris) :*

Voyageurs :

Par voyageur et par kilomètre : 1re classe, 50 centimes.

Par voyageur et par kilomètre : 2e classe, 30 centimes.

Les enfants de moins de 4 ans tenus sur les genoux ne seront pas comptés.

Bagages et messageries :

Par 100 kilogr. et par kilomètre, 30 centimes.

Marchandises en petite vitesse :

Par tonne et par kilomètre : 1re catégorie, 1 fr. 50.

Par tonne et par kilomètre : 2e catégorie, 1 fr. 10.

Par tonne et par kilomètre : 3e catégorie, 0 fr. 75 centimes.

La classification des marchandises par catégorie sera arrêtée dans les conditions déterminées à l'art. 54 [1].

[1] 1re catégorie : marchandises d'une valeur supérieure à 1.000 fr. par tonne ; 2e catégorie : marchandises d'une valeur comprise entre 500 et 1,000 fr. par tonne ; 3e catégorie : marchandises d'une valeur inférieure à 500 fr. par tonne.

3º *Péage pour les entreprises de transport :*

Voyageurs :

Par place offerte et par kilomètre, 20 centimes.

Bagages et messageries :

Par 100 kilogr. et par kilomètre, 20 centimes.

Marchandises en petite vitesse :

Les deux tiers des prix perçus par la Société pour les mêmes transports, sans que la taxe perçue puisse descendre au-dessous de celle qui serait applicable aux transports particuliers en raison du nombre de voitures ou d'animaux affectés aux transports ou circulant à vide.

On voit, sans qu'il soit utile d'insister, l'énorme diminution qui allait se produire dans le coût du transport, puisque le prix du transport de la tonne allait osciller entre 180 fr. et 400 fr., suivant application de ce tarif maximum pour le trajet projeté, à peu près de même longueur que celui de Tamatave à Tananarive. Enfin, et sans parler de l'économie de temps réalisée par la rapidité plus grande des communications, les tarifs devaient être successivement abaissés à mesure de l'augmentation du trafic jusqu'au minimum suivant, en ce qui concerne les transports effectués par la Société :

Voyageurs : 1ʳᵉ classe, 30 centimes.

Voyageurs : 2ᵉ classe, 15 centimes.

Messageries : 15 centimes.

Marchandises en petite vitesse : 1ʳᵉ catégorie : 75 cen-

times ; 2ᵐᵉ catégorie : 50 centimes ; 3ᵐᵉ catégorie : 35 centimes ; ce qui laissait espérer un coût de 80 à 160 fr. la
tonne pour le transport des marchandises en petite
vitesse.

Enfin, dernier avantage à la Société concessionnaire,
un délai d'option d'un an lui était accordé avant qu'elle
eût à se prononcer sur l'acceptation définitive de la convention.

Bien plus, au cas où la Société, usant de son droit,
renoncerait à la concession, mais remettrait au Ministre
des colonies un projet dressé conformément à l'art. 2
du cahier des charges (¹) et accepté par le comité technique des travaux publics des colonies, en même temps
qu'elle justifierait d'une dépense de 100.000 fr., il lui
serait accordé comme compensation 10.000 hectares de
forêts.

Le gouvernement ne pouvait en effet exiger un contrat immédiat et ferme, et M. Descubes, dans son rapport à la Chambre, en avait donné les raisons. « La
reconnaissance du terrain, disait-il, sur laquelle la Société a basé sa demande, a été forcément très sommaire.
Accomplie pendant les mois où le brigandage sévis-

(¹) Art. 2 du cahier des charges : « La Compagnie devra soumettre au
Ministre des colonies, avant l'expiration de l'année d'option en double
expédition, un projet détaillé de la route comprenant : 1° un extrait de
carte ; 2° un plan général à l'échelle de 1/10.000 au moins ; 3° un profil en
long à l'échelle de 1/10.000 au moins pour les longueurs, de 1/1.000 pour
les hauteurs, indiquant les cotes de niveau des paliers, pentes et rampes
et les déclivités ; 4° les profils en travers types ».

sait avec le plus d'intensité dans une grande partie de l'île, effectuée dans un pays entièrement inconnu sur lequel n'existaient que des notions vagues et en partie erronées et qui, sur une grande partie du parcours est couvert de forêts presque impénétrables au voyageur, l'exploration tentée par la Société auxiliaire ne pouvait donner d'autres résultats que des hypothèses. Elle devra procéder à des études plus méthodiques ; c'est seulement quand le résultat de ces études lui aura permis d'apprécier les conditions réelles de l'entreprise, qu'elle pourra, en connaissance de cause, s'engager avec l'Etat.

» Lui accorder le droit de retirer sa demande de concession au cas où elle n'aurait rencontré devant elle que des chances de ruine est un acte de bonne foi et, on doit le dire, d'honnêteté gouvernementale ».

Quant à l'attribution des 10.000 hectares de forêts, dans le cas d'une renonciation, contre la remise des travaux d'études effectués, il n'y avait en réalité de la part de l'Etat, étant donné la justification à fournir par la Compagnie d'une dépense de 100.000 fr., que la rémunération d'un service rendu, ou mieux l'achat des travaux d'étude. Payer ces travaux évalués 100.000 fr., avec 10.000 hectares de forêts était encore pour l'Etat une bonne spéculation, puisque c'était vendre 10.000 hectares au prix moyen de 10 fr. l'hectare.

En résumé, les avantages accordés à la Société, à savoir : concession de la route pour 49 ans et monopole (¹), droit de péage, concession de 20.000 hectares de forêts, droit d'option, ne créaient pour l'Etat aucune obligation financière.

D'autre part, la faculté de rachat laissée à la colonie, l'obligation pour la Société de construire de nouvelles routes donnaient toutes garanties d'une bonne et sérieuse exploitation.

Ces garanties étaient d'ailleurs fortifiées par les prescriptions de l'art. 3, relatives à la construction éventuelle d'un chemin de fer.

Le concessionnaire devait en effet présenter à l'approbation du ministre ce projet du chemin de fer lorsque le trafic moyen, sur la longueur entière de la route, aurait atteint 35.000 tonnes pendant une année ; il était tenu de l'exécuter quand le même trafic aurait atteint 40.000 tonnes pendant deux années consécutives.

Ajoutons que les troupes de toutes armes, voyageant en détachement avec leurs bagages, étaient exemptées de tout péage, que des réductions de 50 p. 100 pour les marchandises, et 25 p. 100 pour les voyageurs étaient prévues et acceptées pour les services publics, au cas de la construction du chemin de fer (²), et nous aurons

(¹) Comme conséquence du privilège accordé à la Société, la colonie s'interdit de construire ou de concéder entre les deux parallèles passant l'un par Ambositra et l'autre à environ 10 kilomètres au sud d'Ambohimandroso, à la hauteur de Manzoni, jusqu'à l'expiration du délai fixé au cahier des charges pour la concession de la route, aucune route charretière partant du pays Betsileo et aboutissant à la mer, sur le côté Est de Madagascar (art. 5 de la convention).

(²) Art. 21 et 61 du cahier des charges.

ainsi examiné tous les points essentiels de la convention soumise à l'approbation du Parlement. La discussion ne devait pas avoir lieu sur le fond.

Un deuxième projet (chemin de fer de Tananarive à
la côte) s'inspirant du même principe mais d'une application plus étendue (¹), avait été déposé sur le bureau
de la Chambre.

Il semblait donc rationnel, étant donné la nouveauté
du système et pour que le débat sur ces concessions
« à l'américaine » eût lieu avec toute l'ampleur désira-
ble, de réunir les deux projets dans une même discussion.

« La seule question qui puisse se poser à l'heure
actuelle est donc celle-ci, disait M. Jaurès dans la séance
du 23 mars 1897 : Convient-il à la Chambre de trancher
une question de principe aussi grave que celle qui est
engagée par le projet que vous allez discuter à propos
d'une première application infiniment restreinte de ce
principe ? Ne vaut-il pas mieux, n'est-il pas plus sage
de rapporter en même temps les deux projets, de telle
sorte que la Chambre puisse juger de la valeur et des
conséquences du principe nouveau que l'on formule
devant elle à propos d'un projet important qui donne
à la Chambre la sensation, la notion concrète de l'importance de la question qu'elle doit trancher ?

» Il serait extrêmement dangereux qu'à propos d'inté-

______

(¹) Concession de 520.000 hectares.

rêts, en apparence minimes et n'ayant pas peut-être attiré à un suffisant degré l'attention du Parlement et du pays lui-même, vous vous trouviez avoir engagé, sans le savoir et sans le vouloir, une question de principe d'une portée extrême ».

Cet avis prévalut contre celui du Ministre des colonies; le débat fut reporté au 1er avril, pour permettre à la commission des chemins de fer de déposer son rapport, puis, et nous en verrons la raison, il fut ajourné à une époque indéterminée.

CHAPITRE VII

Examen de la première convention pour la concession du chemin de fer
de Tananarive à la mer. — Concession du chemin de fer. — Monopole,
droit de préférence, tarifs, droit de rachat pour la colonie. — Concession
de 520.000 hectares (Importance et conditions de la concession). —
Concession de mines. — Délai d'option. — Echec de la combinaison.

La deuxième convention proposée à l'approbation de
la Chambre et concernant les voies de communication
à Madagascar était beaucoup plus importante que la
première.

Il ne s'agissait plus seulement de l'ouverture d'une
route carrossable pouvant être ultérieurement convertie
en chemin de fer, mais de la construction immédiate
d'un chemin de fer reliant Tananarive à une voie navigable de la côte Est, entre Andevoranto et Tamatave.

Ce chemin de fer, d'une longueur d'environ 200 kilomètres, était le premier d'un réseau à développer avec
la colonisation; aussi le moyen financier à employer
pour sa construction était-il d'un choix particulièrement
délicat.

La colonie, encore à sa naissance, ne pouvait s'engager dans un emprunt, que ses ressources ne lui permet
taient pas de garantir, sans risquer de compromettre
l'équilibre de son budget.

D'autre part, l'Etat voulait éviter d'intervenir par une garantie d'intérêt dans la construction d'un chemin de fer, le premier et sans doute le plus important comme trafic de la colonie, afin de ne pas créer un précédent fâcheux qui pût nuire au développement des autres voies à construire.

Si l'Etat accordait à la Compagnie concessionnaire la garantie d'intérêt du capital de construction, il se préparait pour l'avenir des obligations dont il ne pouvait déterminer exactement l'importance ; c'était, en effet, s'engager à garantir également les Compagnies concessionnaires des autres voies à construire, car en leur refusant son concours, l'Etat discréditerait à coup sûr leur entreprise et porterait ainsi un coup mortel au développement des voies de communication à Madagascar.

Dans de telles conditions, le Ministre des colonies, M. Lebon, accepta avec empressement la combinaison que nous allons étudier et dans laquelle la contribution de l'Etat consistait en une concession de terres et de mines.

Le 10 mars 1897, une convention provisoire portant concession d'un chemin de fer de Tananarive à la mer était passée entre le Ministre des colonies d'une part, et d'autre part, la Société française d'études et d'explorations à Madagascar. Cette Société, constituée par acte passé devant Mᵉ Aurélien Bebin, notaire à Bordeaux, les 2 et 3 février 1897, était représentée dans le contrat par MM. Arthur Bourgès, Eugène Buhan, Théophile-J.

Dubos, Jean Dussaud, Harry Scott Jonhston, Marc Maurel, Maurice Tandonnet, négociants ou armateurs bordelais.

Cette convention comportait deux points principaux, à savoir :

1° La concession de la construction et de l'exploitation d'un chemin de fer entre Tananarive et la mer, et s'il y avait lieu, d'un port à établir soit sur l'Iharoka, soit sur une des lagunes ou un des lacs qui bordent la mer, soit sur la mer.

2° La concession de 520.000 hectares de terres du domaine.

I. CONCESSION DE L'EXPLOITATION ET DE LA CONSTRUCTION DU CHEMIN DE FER

Il y avait dans la convention concernant l'exploitation et la construction du chemin de fer, deux intérêts à ménager : celui de la Compagnie concessionnaire et celui de la colonie.

Il fallait, d'une part, assurer à la Société une certaine sécurité et la mettre à l'abri d'une concurrence ruineuse pour elle et sans grand avantage pour la colonie, et il y avait lieu, d'autre part, de sauvegarder les intérêts de la colonie au cas d'une exploitation conçue dans un esprit de lucre trop étroit.

Les intérêts de la Compagnie devaient trouver dans le monopole et le droit de préférence une sûreté suffisante; quant à ceux de la colonie, ils étaient garantis par la faculté de rachat, l'établissement de tarifs relativement peu élevés et susceptibles d'un abaissement suivant l'importance du trafic, enfin par une limitation apportée au droit de préférence.

1° *Monopole et droit de préférence.* — La Compagnie concessionnaire était une Compagnie privilégiée; en conséquence la colonie s'interdisait [1] de construire ou de concéder, sans le consentement de celle-ci, pendant toute la durée de la concession [2], aucun chemin de fer ou aucune autre voie de communication autre que des routes ou canaux, ayant son origine entre Tamatave et Mahanaro et se dirigeant vers Tananarive en traversant la vallée du Mangoro et de ses affluents.

Il y avait une nécessité de fait dans l'adoption d'une semblable mesure, car il est certain que sans la garantie du monopole, il n'aurait pas été permis d'espérer un seul instant voir les capitaux s'engager dans une entreprise où presque tout était à créer, la voie et le trafic. D'ailleurs les tarifs acceptés par la Compagnie faisaient disparaître l'inconvénient du monopole grâce à la diminution considérable qu'ils apportaient dans le prix des transports. A côté du monopole concernant la ligne « Tananarive à la mer », la Société devait avoir un droit de préférence pour la concession de la construction et de l'exploitation :

[1] Art. 13 de la convention.
[2] 99 ans.

1° De tout chemin de fer reliant à la mer, entre Tamatave inclus et Mahanaro, un quelconque des points du chemin de fer qui font l'objet de la présente concession ;

2° Des embranchements partant d'un point quelconque dudit chemin de fer dans la province de l'Imerina ;

3° Des lignes indépendantes reliant Tananarive à un point quelconque de l'Imerina ou à la mer.

La conséquence de ce droit de préférence était, pour la colonie, l'obligation de n'accorder aucune concession de ces chemins de fer, sans avoir communiqué à la Société les offres qui lui seraient faites.

La Société devait avoir un an pour présenter ses propositions en réponse aux offres qui lui auraient été communiquées, et qui ne pouvaient être acceptées que si elles présentaient pour la colonie, par rapport aux propositions de la Société, un avantage d'au moins 10 0/0 par la réduction des tarifs minima, l'amélioration du service ou la réduction des subventions. Cette faculté permettait à la Compagnie d'assurer le succès de son entreprise par la création, autour de son artère principale, d'un réseau de lignes secondaires, mais elle ne laissait pas que de présenter quelques inconvénients au cas où la Société aurait essayé de ce chef et dans son intérêt particulier d'entraver les communications entre l'Emyrne et les autres parties de l'île.

Il y avait là un danger que M. Louis Brunet avait signalé lors de l'ajournement du projet de loi concernant la route de Fianarantsoa à la mer et contre lequel il importait de prémunir la colonie.

Aussi le projet qui nous occupe, en cela plus prudent que celui que nous avons étudié dans le précédent chapitre, limitait-il ce droit de préférence aux quinze premières années de la concession, à partir de l'expiration du délai d'option.

C'était diminuer et presque anéantir complètement le danger que nous venons de signaler, car ce n'est pas avant quinze ans que l'on pouvait en effet songer à créer un réseau général de chemins de fer, et partant, l'obstruction de la Compagnie, au cas où elle se serait produite, ne pouvait avoir pendant cette première période de bien graves inconvénients.

2° *Tarifs.* — L'établissement des tarifs présentait également de sérieuses difficultés. Il fallait, en effet, qu'ils fussent suffisamment élevés pour rémunérer la Compagnie de ses frais de premier établissement et d'exploitation ; d'autre part, il y avait à éviter qu'en raison du monopole dont jouissait la Compagnie, ils ne grevassent un jour trop lourdement les transactions commerciales.

Le danger n'existait pas pour les premières années de l'exploitation, car la condition des transports à Madagascar était à ce point défectueuse que l'adoption de tarifs, même fort élevés, devait apporter malgré tout une diminution dans le prix des transports, mais il pouvait se présenter dans l'avenir.

Aussi le projet du gouvernement, accepté par la Société, comportait un système de tarifs, décroissant avec l'augmentation du trafic et dont le maximum laissait loin derrière lui les prix du transport par bourjₑnes.

Ces tarifs maxima étaient d'ailleurs inférieurs aux tarifs en vigueur dans les Compagnies analogues.

Aux Etats-Unis, sur les chemins de fer à voie étroite du Colorado, avec lesquels le chemin de fer de Tananarive à la mer offrait beaucoup d'analogie, les tarifs entre Denver et Georgetown ont été fixés au début de l'exploitation à 0 fr. 98, 0 fr. 90, 0 fr. 84 et 0 fr. 80 par kilomètre et par tonne, selon la classe des marchandises.

Au Congo belge, les tarifs sont encore plus élevés, au moins à l'importation. Avant la construction du chemin de fer, le prix moyen du transport de la tonne, de Matadi à Stanley-Pool, revenait à 1.000 francs. C'est ce prix de 1.000 francs la tonne qui a servi de base à l'établissement des tarifs à la montée, c'est-à-dire à l'importation, ou plus exactement qui a constitué à lui seul ce tarif. Toutefois, pour favoriser le développement du commerce et de l'industrie au Congo, on a réduit ce prix à 500 francs pour le riz, les instruments aratoires et industriels, le matériel des bateaux à vapeur, etc. Cette réduction de 50 0/0 a été également accordée à toutes les marchandises destinées aux régions qui seraient desservies par un nouveau chemin de fer.

En dehors de ces exceptions, le prix par kilomètre et par tonne est fixé pour le chemin de fer du Congo (¹) à 2 fr. 50 pour l'importation.

A la descente, au contraire, c'est-à-dire à l'exportation, l'ivoire seul paye le tarif maximum de 1.000 francs la tonne. Pour les autres marchandises, la base du tarif est un prix uniforme et fixe de 75 francs, plus 10 0/0 de la valeur de la marchandise valant en France, par exemple, 500 francs, payé de Stanley-Pool à Matadi, le prix fixe, 75 francs, plus 50 0/0 de la valeur, c'est-à-dire 50 francs, en tout 125 francs. En résumé, les tarifs du chemin de fer du Congo belge sont, à l'importation, de 2 fr. 50 ou de 1 fr. 25 par tonne et par kilomètre, et à l'exportation ils varient, suivant la valeur de la marchandise, entre 0 fr. 25 et 1 franc par tonne et par kilomètre.

Les tarifs acceptés par la Société française d'études et d'exploration à Madagascar, et contenus dans le cahier des charges de la convention qui nous occupe, étaient les suivants :

Voyageurs, bagages et messageries. — a) Jusqu'à ce que la recette brute cumulée des voyageurs, des bagages et des messageries ait atteint 5.000 fr. par kilomètre et par an :

Voyageurs :

1ʳᵉ classe, 0 fr. 50 par voyageur et par kilomètre ;

(¹) Le chemin de fer du Congo belge a une longueur d'environ 400 kilomètres.

2ᵉ classe, 0 fr. 30 par voyageur et par kilomètre;

3ᵉ classe, 0 fr. 20 par voyageur et par kilomètre;

Bagages et messageries, 0 fr. 20 par 100 kilogrammes et par kilomètre.

b) Lorsque la recette brute cumulée des voyageurs, des bagages et des messageries aura atteint 5.000 fr. par kilomètre et par an, pendant trois années consécutives :

Voyageurs :

1ʳᵉ classe, 0 fr. 45 par voyageur et par kilomètre;

2ᵉ classe, 0 fr. 25 par voyageur et par kilomètre;

3ᵉ classe, 0 fr. 15 par voyageur et par kilomètre.

Bagages et messageries, 0 fr. 15 par 100 kilogrammes et par kilomètre.

Petite vitesse. — *a*) Jusqu'à ce que la recette brute totale ait atteint 30.000 fr. par kilomètre et par an, pendant trois années consécutives :

Marchandises :

1ʳᵉ catégorie : 1 fr. par tonne et par kilomètre;

2ᵉ catégorie : 0 fr. 75 par tonne et par kilomètre;

3ᵉ catégorie : 0 fr. 50 par tonne et par kilomètre.

b) Lorsque les recettes totales du chemin de fer (grande et petite vitesse) auront atteint 30.000 fr. par kilomètre et par an, pendant trois années consécutives, les tarifs maxima ci-dessus seront abaissés de 0 fr. 10 par tonne et par kilomètre pour la 1ʳᵉ catégorie, de 0 fr. 075 par tonne et par kilomètre pour la 2ᵉ catégorie, de 0 fr. 05 par tonne et par kilomètre pour la 3ᵉ catégorie.

Ces tarifs devaient encore supporter des diminutions successives chaque fois que pendant deux années consécutives la recette annuelle kilométrique aurait été d'au moins 2.000 fr. supérieure au chiffre ayant motivé le précédent abaissement. Toutefois les tarifs ne pouvaient jamais être abaissés au delà d'une limite extrême fixée à 0 fr. 40, 0 fr. 25 et 0 fr. 15 pour le transport kilométrique de la tonne pour chacune des catégories énumérées plus haut.

L'application de ces tarifs devait occasionner une diminution considérable dans le prix du transport.

Nous avons dit, dans le précédent chapitre, les difficultés qu'il y avait en général à Madagascar pour la circulation des marchandises. Le trajet de Tamatave à Tananarive était particulièrement pénible. Le sentier qui relie ces deux villes suit la mer jusqu'à Andevoranto ; de là il faut remonter en pirogue sur le Iharoka jusqu'au village de Maromby. De ce village à Tananarive les difficultés sont à chaque pas ; sur les 170 kilomètres à parcourir, il n'existe guère que 5 kilomètres de terrain plat ; on est arrêté à chaque instant par des rivières ou de gros ruisseaux et pendant plus de 80 kilomètres on est au milieu de la brousse ou de la forêt.

Dans ces conditions, le trajet entre Tamatave et Tananarive était long, peu sûr et partant fort coûteux. Il s'élevait, nous l'avons vu, à plus de 1.700 fr. (¹) pour

(¹) Voir au chapitre précédent.

les transports commerciaux. L'application des tarifs
que nous venons d'examiner, en admettant que ces
mêmes tarifs soient applicables à la voie navigable ([1]),
devait abaisser le prix du transport de la tonne à un
maximum de 300 fr.

3º *Rachat.* — La concession du chemin de fer était
faite pour 99 ans. Aussi la colonie, pour éviter les inconvénients d'une mauvaise exploitation, s'était réservé le
droit de racheter la concession. Au cas où ce rachat
aurait lieu avant l'expiration des 25 premières années
de l'exploitation, l'évaluation de l'indemnité devait être
faite d'un commun accord ou par arbitre. Si, au contraire, la colonie n'usait de sa faculté de racheter la
concession qu'après ces vingt-cinq premières années,
l'indemnité à fournir aux concessionnaires était fixée
par l'art. 52 du cahier des charges. La colonie, dans ce
cas, devait payer à la Société pendant le temps restant
à courir jusqu'à l'expiration de la concession une annuité
égale à 40 p. 100 de la recette moyenne des trois dernières années ayant précédé le rachat.

II. Concessions de 520.000 hectares de terres.

La Société concessionnaire du chemin de fer n'avait
pas cru pouvoir se charger de sa construction et de
son exploitation sans une subvention de la part de

([1]) Pour économiser la construction de 100 kilomètres de chemin de fer
dans une région insalubre, la voie Tananarive à Tamatave devait se com-
poser de 200 kilomètres de chemin de fer et d'un canal.

l'Etat ou de la colonie. Les subventions pécuniaires et la garantie d'intérêt ayant été écartées, la Société acceptait, dans la convention du 10 mars, et comme compensation à la construction du chemin de fer, une vaste concession de terres et de mines (¹). La surface qui lui était concédée par le traité était de 520.000 hectares. Il y avait loin de cette concession à celle accordée quelques années auparavant à MM. Daumas et Verdier. Toutefois à ceux que pouvait effrayer la concession d'une pareille étendue, il était bon de rappeler ce que la Société donnait en retour. En fait, on accordait environ 2.600 hectares par kilomètre de chemin de fer ; et cette proportion était sensiblement la même que celle adoptée aux Etats-Unis pour la construction du Central-Pacific, de l'Union-Pacific. Elle était même notablement inférieure à celle admise par le Texas-Pacific (10.000 hectares par kilomètre) et pour le Northern-Pacific (18.000 hectares par kilomètre). La Compagnie du Congo belge avait obtenu 1.500 hectares par kilomètre de voies construites et exploitées, plus une bordure de 200 mètres à droite et à gauche de la ligne sur 400 kilomètres ; en tout 760.000 hectares pour les 400 kilomètres de voies ferrées.

Le chiffre de la concession n'avait donc rien d'exagéré et la colonisation devait y trouver grand profit.

(¹) Un privilège pour les concessions de mines était accordé à la Société dans toute l'étendue des terrains qui lui étaient concédés. Ce privilège devait durer pendant 27 ans à partir de la signature de la convention.

Au surplus, la propriété des terres concédées à la Société ne devait devenir définitive qu'à partir de l'achèvement et de la mise en exploitation du chemin de fer, et la Société ne pouvait rétrocéder les 2/3 de ces terres qu'à des Français ou naturalisés Français, ou à des sujets français. D'autre part, des prescriptions assez rigoureuses étaient édictées tant pour l'emplacement des terres à choisir que pour l'étendue des différents lots.

L'art. 4 de la convention était ainsi conçu :

« 100.000 hectares au moins seront situés dans la vallée du Mangoro ; le reste sera situé dans les vallées du Mangoro et de ses affluents, de l'Iharoka et de ses affluents, du Haut-Ikopa et des affluents qu'il reçoit en amont ou à moins de 100 kilomètres en aval de Tananarive, à proximité du port et des stations du chemin de fer.

» Les lots ne pourront avoir une contenance inférieure à 20.000 hectares dans la vallée du Mangoro et de ses affluents, à 10.000 hectares dans la vallée de l'Iharoka et dans les vallées affluentes, et à 2.000 hectares dans les vallées et affluents de l'Ikopa et dans le voisinage du port projeté ; par dérogation à cette règle, ceux qui seront contigus aux stations du chemin de fer pourront n'avoir qu'une étendue de 1.000 hectares.

» .... Lorsque les lots seront contigus au chemin de fer ou traversés par lui, leur longueur mesurée suivant la ligne dudit chemin de fer, ne pourra être supérieure à leur largeur mesurée dans le sens transversal par rapport à la même ligne. Toutefois cette règle ne sera pas applicable dans le cas où le lot occuperait une vallée tout entière ».

Enfin, par une dérogation expresse aux articles 3 et 10 conférant la propriété des terres, les lots ou portions de lot contigus aux stations du chemin de fer qui n'auraient pas été mis en valeur dans un délai de dix ans à partir de l'ouverture du chemin de fer à l'exploitation, devaient faire retour en toute propriété à la colonie.

A la concession dont nous venons d'indiquer les grandes lignes étaient joints :

Un privilège de concession de mines dans toute l'étendue des terrains concédés à la Société, pendant vingt-sept ans à compter du jour de la signature de la convention ;

Une concession nouvelle de 10.000 hectares au cas où le concessionnaire jugerait utile de construire un port sur la mer, sur l'Iharoka ou sur un des lacs qui bordent la mer (1).

La Société concessionnaire dans les conditions que

---

(1) Art. 15 de la convention : « La concession éventuelle de 10.000 hect. ne sera accordée à la Société que dans le cas ou celle-ci construirait le port dont la construction est facultative pour elle, et en rendrait l'accès possible à des navires calant au moins trois mètres. La Société devra désigner les terrains dont elle demande la concession en présentant l'avant-projet de construction du port. Cette concession ne sera définitive qu'après l'ouverture du port à l'exploitation ».

nous venons d'indiquer brièvement devait être constituée sous le régime de la loi française, au capital de 30 millions au moins en actions. Les membres de son conseil d'administration devaient être Français ou naturalisés Français.

Un délai d'option ('), dont nous avons vu la nécessité à propos de la concession de la route de Fianarantsoa à la mer, lui était accordé sur les mêmes bases que dans cette convention. Il y avait, en effet, une obligation stricte d'accorder cette faculté à la Société concessionnaire alors que l'on retrouvait les mêmes difficultés d'exploration et que, d'autre part, les intérêts en jeu étaient beaucoup plus importants.

Tels sont les traits principaux de cette convention qui paraissait devoir renouveler les procédés jusqu'à présent en usage en France dans les concessions de travaux publics. Elle ne fut jamais discutée et les concessionnaires retirèrent leur projet.

Nous allons voir les causes de cet échec.

(') Art. 17 et 19 de la convention.

CHAPITRE VIII

Le projet que nous venons d'exposer, accepté tout d'abord par la Société française d'études et d'exploration à Madagascar, ne pouvait pas être exécuté. Ce n'est pas certes que ce projet, tel qu'il était conçu, ne présentât de grands avantages pour l'Etat et pour la colonie, au contraire, mais il faut convenir que la concession de 520.000 hectares de terres, accordée à la Société à titre de subvention, ne lui offrait que des garanties bien illusoires.

Quel profit en effet la Compagnie pouvait-elle tirer de sa concession ?

On ne voit pour elle que deux sources de bénéfices : la vente de terres ou l'exploitation directe. Or les bénéfices que l'on peut espérer retirer de l'exploitation sont insuffisants et lents à se produire. Si nous supposons pour un instant le dédoublement de la Compagnie concessionnaire en Compagnie de colonisation et en Compagnie de travaux publics, la première devra posséder, pour mettre en valeur ses territoires, un capital déjà considérable qui ne sera réellement productif qu'après plusieurs années d'exploitation et qui s'ajoutera au capital exigé pour la construction du chemin de fer. Donc, au préalable, cette combinaison nécessite pour la Société un capital bien supérieur à celui qui aurait été suffisant pour la seule construction du chemin de fer, ce qui rend plus lourdes les charges de l'entreprise.

D'autre part, les bénéfices résultant de l'exploitation agricole vont servir, quand ils se produiront, à la garantie d'intérêt de ce double capital social et en même temps à couvrir les frais d'exploitation du chemin de fer qui ne peuvent l'être par les recettes brutes avant plusieurs années, dans un pays comme Madagascar où le trafic même est à créer. Ces bénéfices résultant de l'exploitation de 520.000 hectares ne peuvent évidemment y suffire. Nous pensons même que ces considérations, propres au projet de Madagascar, peuvent être généralisées et que des terres qui n'attendent leur valeur que de la mise en culture ne peuvent offrir une garantie suffisante, à moins toutefois que la dotation ne soit considérable et se chiffre par millions d'hectares.

Dans ces conditions et si la Compagnie dispose des capitaux suffisants à une pareille entreprise, les charges provenant de la construction et de l'exploitation du chemin de fer ne seront plus écrasantes par rapport aux bénéfices résultant de la mise en valeur de la concession.

Quant à la vente des terres, le seul élément qui puisse entrer sérieusement en ligne de compte, nous ne pensons pas que, dans le cas qui nous occupe, elle ait été susceptible de donner des résultats pouvant inspirer confiance aux capitalistes.

Il ne faut pas oublier que Madagascar est une colonie de la zone tropicale, se présentant avec tous les caractères de la colonie d'exploitation vers laquelle il n'y aura qu'un mouvement restreint d'émigration et par conséquent où le prix de la terre ne subira pas, avant longtemps, de bien sérieuses variations.

Certes le système des concessions de terres (*land grants*) a exercé en Amérique une influence heureuse tant au point de vue de la colonisation qu'à celui du développement du réseau. En effet, presque toutes les *charters* comportent au profit des Compagnies concessionnaires, au fur et à mesure de l'achèvement des travaux de la ligne, et proportionnellement à leur importance, des concessions de terres. Ces concessions, situées à droite et à gauche du tracé de la voie, dans une zone d'une largeur de 8 à 10 milles, composées de lots de 260 hectares alternant avec ceux réservés à l'Etat et la Caisse des Ecoles, ont été d'un grand secours pour les Compagnies et ont permis à quelques-unes de réaliser d'énormes bénéfices. Ces ventes de terres leur ont généralement servi au remboursement de leurs actions privilégiées, ou à celui d'obligations particulières, *land grant bonds,* jouissant d'une sorte de garantie hypothécaire sur les concessions.

« Le *Northern Pacific railroad,* dit M. Paul Dubois [1], avait acquis au 31 mars 1892, plus de 18 millions d'hectares de terres, le *Central Pacific* près de 5 millions, l'*Atlantic and Pacific* et la *Canadian Pacific,* 8 millions d'hectares ».

Et ces dotations ne laissaient pas que de présenter une sûre garantie. On se trouvait en effet dans une véritable colonie de peuplement, dans un pays à climat tempéré, d'une parfaite salubrité et vers lequel existait depuis de longues années un courant d'émigration considérable qui se développait chaque jour.

« Là où s'étendait une prairie, dit M. Chailley-Bert [2], là où passaient encore les buffles, ne pouvaient manquer de s'élever bientôt, tout l'Est jusqu'à l'Atlantique était là pour l'attester, des villages, des bourgs, des villes, quelques-unes importantes, certaines même gigantesques (Chicago), et le terrain qui lors de la concession valait 1, vaudrait plus tard 10, 100, 1.000 ».

La situation était, nous l'avons vu, tout à fait différente à Madagascar, et l'exemple des Etats-Unis ne prouvait rien. Le seul argument que l'on pouvait apporter dans la discussion, était l'exemple de la Com-

---

[1] Paul Dubois, *Les chemins de fer aux Etats-Unis.*
[2] Chailley-Bert, *Quinzaine coloniale.*

pagnie belge du Congo. Mais ici encore la situation n'était pas la même.

Les art. 1, 4 et 5 de la charte constitutive de la Compagnie du Congo pour le commerce et l'industrie sont ainsi conçus :

« Art. 1er. La Compagnie s'engage à faire à ses frais l'étude complète d'un chemin de fer reliant dans les conditions les plus favorables le bas Congo au Stanley-Pool. Ce chemin de fer devra être entièrement sur le territoire de l'Etat Indépendant du Congo. Il pourra être en deux tronçons reliés entre eux par une partie navigable du fleuve.

» Art. 4. Pendant un délai de dix-huit mois à partir de la remise des études, la Compagnie aura le droit d'option pour la concession de la construction de la ligne et de son exploitation pendant 99 ans, aux conditions d'un cahier des charges arrêté d'avance.....

» Art. 5. L'Etat garantit dès à présent à la Compagnie, si elle fait usage du droit d'option stipulé à l'art. 4, un maximum d'avantages fixé comme suit :

» 1° La concession de tous les terrains nécessaires pour l'établissement de la voie et de ses dépendances, y compris les quais d'embarquement et de débarquement à chaque terminus du chemin de fer ; ces terrains seront au besoin expropriés par l'Etat et à son compte pour être remis sans frais à la Compagnie. Il est entendu que l'on adoptera autant que possible les combinaisons de tracé et autres de manière à éviter les expropriations.

» 2° La concession en pleine propriété, sauf les réserves indiquées à l'art. 7, de toutes les terres dont la Compagnie voudra prendre possession au fur et à mesure de la construction de la ligne dans une zone de 200 mètres de chaque côté de la voie ferrée.

» 3° La concession en pleine propriété de 1.500 hectares de terres pour chaque kilomètre de voie ferrée construit et livré à l'exploitation ».

A ne considérer que le texte de la charte, il semble bien que l'on se trouve en face d'une concession de travaux publics dans laquelle l'intervention financière de l'Etat se produit sous la forme d'une dotation de terres.

En réalité, il n'en est pas tout à fait ainsi. L'histoire de la construction du chemin de fer de Matadi à Stanley-Pool, montre que l'Etat belge est intervenu d'une façon directe dans la constitution du capital social, qu'il a constamment soutenu l'entreprise, tant par son appui moral que par ses deniers, et qu'en tout cas le succès remarquable de la Compagnie du chemin de fer du Congo ne peut être imputé en aucune façon au principe de la dotation de terres.

Le 31 juillet 1889, la Compagnie du Congo pour le commerce et l'industrie, concessionnaire de la construction et de l'exploitation du chemin de fer, céda ses droits à la Compagnie du chemin de fer du Congo qui se fonda au capital de 25 millions.

Le gouvernement belge, sur la proposition de M. Ber-

naert, consentit à prendre pour dix millions d'actions,
remboursables au pair et qui ne devaient lui rapporter
que 3,50 p. 100. Restait à faire souscrire au public
30.000 actions de 500 fr. auxquelles on promettait un
revenu de 7 p. 100, plus les dividendes possibles. Ce
n'était pas chose facile, et M. Thys, officier d'ordonnance du roi des Belges, l'ardent et convaincu promo-
teur du chemin de fer, s'employa avec une énergie
peu commune à la réunion de ce capital. Enfin on se
mit à l'œuvre, mais l'entreprise faillit sombrer dès ses
débuts.

On avait, en effet, commis de graves erreurs dans
l'évaluation du prix des travaux. La construction du kilomètre de voie ferrée que l'on avait estimée à 160.000 fr.,
devait au début revenir à plus de 240.000 fr. D'autre
part, la mortalité avait été considérable (¹), les déser-
tions nombreuses dans le personnel, et l'on se trouva à
quelques kilomètres de Matadi, dans le courant de
1891, avec 11 millions de dépenses, soit presque la
moitié du capital social.

L'émotion fut grande à Bruxelles et au Congo et l'on
put croire un instant que tout était compromis.

La foi des fondateurs de l'entreprise devait la sauver
du désastre. Les gros souscripteurs du premier capital
se réunirent en syndicat pour garantir le placement de
6.000.000 fr. Le Parlement, sur la proposition de M. de

(¹) 25 0/0 et 30 0/0.

Smet de Naeyer approuva une convention par laquelle l'Etat belge augmentait sa première souscription de 5 millions en même temps qu'il accordait la garantie du Trésor à une émission de 10.000.000 à 3 0/0.

Le capital social était ainsi successivement augmenté et porté à 65 millions, et le chemin de fer était solennellement inauguré du 2 au 8 juillet 1898.

Le chemin de fer du Congo a réussi au delà de toute espérance (¹). Les recettes, avant même l'achèvement des travaux, se sont accrues avec une rapidité extraordinaire et ont atteint pour le mois de juin qui a précédé l'inauguration officielle le chiffre de 841.000 fr.

A quoi faut-il attribuer ce succès ? Nous ne pensons pas que ce soit aux dotations de terres qui accompagnaient la concession. Il n'y avait pas là une garantie suffisante pour des esprits aussi positifs que ceux des Belges, et il est difficile d'admettre que les capitaux se seraient engagés dans cette entreprise s'ils n'avaient eu, pour se couvrir des aléas possibles, que l'espérance des bénéfices provenant de la vente ou de l'exploitation des 600.000 hectares de terres accordés par la Charte de 1887. En fait, la Compagnie n'a jusqu'à présent retiré que de faibles bénéfices de la vente de ses terres. Elle en a vendu environ 10.000 hectares pour une somme globale de 225.000 fr., ce qui est véritablement insuffisant pour former une garantie sérieuse.

(¹) Le cours des actions ordinaires était au mois d'avril 1899 de 1.685 fr.

Bouvard   9

Il faut chercher ailleurs, et si la Compagnie du chemin de fer du Congo a pu mener à bien cette entreprise, on ne peut en voir la cause dans le principe qui a servi de base à sa concession.

La cause du succès doit être attribuée, selon nous, à l'intervention de l'Etat belge, à la tenacité et à la foi ardente de M. Thys, enfin surtout à la situation très spéciale du chemin de fer à créer.

La double intervention de l'Etat Belge a, en fait, transformé la combinaison financière de l'entreprise.

Il n'y a plus seulement une Compagnie se chargeant de l'exécution de travaux publics moyennant une concession de terres, mais une Compagnie soutenue par l'Etat de trois manières différentes : par une dotation de terres, par la souscription immédiate de près de la moitié de son capital social (au moins au début), enfin par la garantie donnée à 10.000.000 au taux de 3 p. 100.

Enfin, et cette considération devait, à elle seule, encourager les plus hésitants, le chemin de fer de Matady à Stanley-Pool était destiné à jouer, par rapport à l'Afrique, le même rôle que le canal de Suez par rapport à la mer des Indes (¹). Tout le commerce de cet immense bassin du Congo, qui auparavant refluait par les lacs vers la côte Zanzibarite, devait forcément aboutir à ces 400 kilomètres de voie ferrée qui reliaient la mer à 3.000 kilomètres de voie fluviale navigable. Les

(¹) Wauters, *L'Etat indépendant du Congo*.

produits de toute nature de la forêt de l'Arouhouimi, « un cimetière d'ivoire et une mine de caoutchouc » ([1]), les cafés, le cacao de l'Equateur et du Kassai, les mines du Katanga, devaient assurer un fret suffisant et rémunérateur ([2]).

Des considérations que nous avons exposées plus haut et des comparaisons que nous venons d'établir, nous nous croyons en droit de conclure que le système préconisé par M. Léveillé ne semble pas d'une fréquente application. Le principe sur lequel il repose, à savoir la subvention de l'Etat sous forme de dotations de terres, nous paraît inséparable, dans son application, de certaines conditions, organiques pour ainsi dire, et dont la plus importante est une forte immigration. Toutefois il est difficile d'être absolu dans une semblable matière, et s'il paraît peu probable que la dotation de terres remplace jamais la garantie d'intérêt ou tout autre mode de subvention de l'Etat dans les contrats de concession de travaux publics importants, on peut espérer que ce procédé, d'ailleurs très séduisant, trouve une application dans la concession de travaux d'importance secondaire.

([1]) Pierre Mille, *Au Congo Belge*.

([2]) Avant la construction du chemin de fer, les caravanes du Congo amenaient à la côte 200 tonnes d'ivoire et en remontaient à Stanley-Pool, 1.800 de produits européens. Au total 2.000 tonnes, pour lesquelles on payait de 1.000 à 1.200 francs par tonne. En conservant ce chiffre de 2.000 tonnes au tarif de 1.000 fr., on pouvait déjà compter sur 2 millions de recettes brutes par an.

Nous en avons un exemple dans ce même pays de Madagàscar, et il est à souhaiter que le succès vienne couronner cette première entreprise.

Antérieurement à la conquête de Madagascar, pendant les années 1886 à 1893, M. Suberbie avait obtenu du gouvernement hova un certain nombre de concessions. A la suite de la guerre franco-malgache, M. Suberbie, ou plutôt la Compagnie coloniale des mines d'or de Suberbieville et de la côte ouest de Madagascar, réclama au gouvernement une indemnité de 33 millions tant pour l'annulation des concessions obtenues par le gouvernement malgache, que pour les pertes subies du fait de la guerre et des troubles insurrectionnels qui suivirent. De pareilles prétentions étaient exagérées; des pourparlers furent entamés et une entente intervînt qui se termina par une convention à la date du 28 mars 1899, portant la jouissance et le droit d'exploitation des territoires situés, d'une part, dans les bassins de l'Ikopa, de la Betsiboka et de la Menavava, et d'autre part à la pointe d'Amboanio.

A cette concession de terres est jointe la concession d'un port.

L'art. 10 du cahier des charges est ainsi conçu : « Le concessionnaire procèdera à ses frais, risques et périls, à l'extension du port privé établi antérieurement à Amboanio par lui ou par M. Suberbie; il devra à cet effet :

1° Soumettre à l'approbation du Ministre des colonies,

dans un délai de deux ans à partir de la date de la présente concession, un projet d'aménagement du port d'Amboanio en rapport avec le trafic moyen constaté dans ce port (250 tonnes par jour) ;

2° Etablir à la pointe d'Ampéripérina, dans le délai de trois ans à partir de la date de l'approbation de la présente convention, et entretenir un feu de port d'une portée vers le large d'au moins six milles marins.

Nous nous trouvons donc également en présence d'une concession de travaux publics, mais d'une importance restreinte et où la subvention de l'Etat consiste en un principe et une dotation de terres.

En effet, sans parler de l'autorisation pour le cessionnaire de percevoir un droit de quai ou d'appontement, l'Etat accorde « pour tenir compte des charges afférentes à l'établissement du port » ([1]) :

1° Un privilège pour l'obtention de permis de recherches ou d'exploitation dans les terrains d'alluvion compris dans la concession ;

2° Une surface d'environ 3.000 hectares à délimiter d'un commun accord entre le gouverneur général et la Compagnie autour du port d'Amboanio.

On peut encore citer la concession faite le 22 avril 1893 à M. Le Chatelier, comme rétribution de travaux et d'études, au sujet de la création d'une voie de communication entre Loango et Brazzaville. M. Le Chatelier

([1]) Art, 26, § 3 du cahier des charges.

s'engageait à constituer dans ce but une Société d'études au capital de 300.000 fr. ; en retour, la colonie
s'engageait à concéder à la Société un certain nombre
d'hectares de terres au prorata de l'argent dépensé.

CHAPITRE IX

Convention du 12 mars 1898 portant concession à la Compagnie coloniale
de Madagascar du chemin de fer de Tananarive à la mer. — Garantie
de trafic de 2.800.000 fr. — Concession de terres. — Critique de cette
convention. — Les tarifs. — Emprunt de 50 millions.

La convention du 10 mars 1897, que nous avons précédemment analysée, avait été abandonnée d'un commun accord par le gouvernement et par la Société française d'études et d'exploration à Madagascar.

Nous avons examiné, dans le précédent chapitre, les raisons, bonnes selon nous, de cet abandon par la Société concessionnaire et par les groupes financiers susceptibles de s'intéresser à l'entreprise.

L'opposition était venue encore d'autres côtés. Le projet avait en effet mécontenté non seulement les financiers ne trouvant pas une garantie suffisante dans la dotation de terre, mais encore la colonie et certains membres du Parlement.

La colonie avait porté ses observations sur la trop grande étendue des périmètres réservés à la Société pour le choix de ses terres, en même temps que sur les délais considérables qui lui étaient accordés pour arrêter son choix. Ces critiques étaient fondées, car il pouvait y avoir un dommage appréciable pour la colonie à immobiliser ainsi une certaine quantité de terres et par le fait à apporter une entrave sérieuse au développement de la colonisation.

Enfin certains membres du Parlement, adversaires du projet et oubliant sans doute que l'étendue de nos colonies se chiffre par millions d'hectares s'étaient effrayés de cette concession de 500.000 hectares.

Quoi qu'il en soit, dans le nouveau projet qu'il allait soumettre à l'approbation des Chambres, le gouvernement avait tenu compte de ces diverses observations, dans l'espoir d'aboutir enfin à une solution que réclamait impérieusement la triste situation de nos moyens de transport à Madagascar.

Le 12 mars 1898, le Ministre des colonies, agissant tant au nom de l'Etat qu'au nom de la colonie, signait avec la Compagnie coloniale de Madagascar une convention portant concession à ladite Société du chemin de fer de Tananarive à la mer.

Le traité comprenait, en réalité, deux concessions : l'un ferme s'appliquant à la construction et à l'exploitation du chemin de fer de Tananarive à Tamatave ; l'autre éventuelle s'appliquant à la construction et à l'exploitation de la voie navigable dite des Pangalanes et à la construction d'un port.

Nous allons examiner ces différents points.

CONCESSION DU CHEMIN DE FER DE TAMATAVE A TANANARIVE

L'art. 1 de la convention était ainsi conçu :

Art. 1. Le Ministre des colonies accorde à la Société française de chemin de fer de Madagascar :

1° La concession de la construction et de l'exploitation d'un chemin de fer entre Tananarive et la mer, avec terminus actuel près Aniverano ou Andevorante sur la rivière Iharoka ou sur le canal dit des Pangalanes ;

2° La concession de la construction et de l'exploitation de la section de chemin de fer comprise entre le point terminus ci-dessus tel qu'il sera établi par les études définitives et Tamatave, mais sans obligation d'exécution pour le concessionnaire jusqu'à ce que le trafic du chemin de fer indiqué au paragraphe 1er ci-dessus atteigne 44.000 fr. de recette brute kilométrique annuelle.

Comme on le voit, la longueur totale de la ligne était divisée en deux sections : l'une, comprenant la partie entre Tananarive et la mer, était celle qui avait été primitivement concédée à la Société d'étude et d'exploration de Madagascar, son exécution était immédiate ; l'autre, située le long du canal des Pangalanes, reliant le précédent tronçon à Tamatave, était concédée d'une façon ferme, mais son exécution pouvait être différée par le concessionnaire jusqu'au jour où le canal des Pangalanes deviendrait insuffisant pour le trafic.

On fixait d'ailleurs l'insuffisance du canal pour le

transit de marchandises au jour où la recette brute kilométrique annuelle du chemin de fer atteindrait 44.000 fr.

Voyons maintenant les compensations accordées à la Société.

Tout d'abord, il est à remarquer que la base même de la convention n'est plus une dotation de terres et que le gouvernement semble avoir compris l'insuffisance de ce procédé ou tout au moins la nécessité, pour engager les capitaux à se lancer dans l'entreprise, de donner des garanties plus efficaces.

Toutefois, le gouvernement n'a pas voulu faillir au principe qu'il s'était posé et il n'a pas accordé de garantie d'intérêts. Nous pensons qu'il a fait tout autant, sinon plus, en s'engageant, comme nous le montrerons, à faire à la Compagnie, en quinze annuités, une avance de 30 millions remboursables, mais ne produisant pas d'intérêts, et cela quel que soit le succès de l'entreprise.

A partir de l'ouverture à l'exploitation, dit l'art. 7, du chemin de fer jusqu'à Tananarive, et jusqu'à la fin de la quinzième année qui suivra cette ouverture, l'Etat et la colonie s'engagent à faire effectuer pour leur compte, par le chemin de fer, chaque année et sans réversibilité d'une année sur l'autre, des transports de voyageurs, de matériel de tout genre et de marchandises pour une somme d'au moins 2.800.000 fr.

M. Lebon, dans l'Exposé des motifs, a vanté l'économie de cette combinaison qui ne devait grever le budget de la colonie, non plus que celui de l'Etat, d'aucune dépense supplémentaire. « Ce chiffre garanti, disait-il, qui s'élève à 2.800.000 fr., est à peu près égal aux dépenses qui paraissent devoir résulter, pour la colonie, jusqu'à l'ouverture du chemin de fer, des transports réellement nécessaires et qui seraient dès maintenant effectués si les moyens de communication le permettaient ».

Ce raisonnement est un peu spécieux. Sans doute, l'Etat et la colonie ne grèveront pas leur budget de nouvelles dépenses, mais, ce qui est certain, c'est que pendant quinze ans ils ne profiteront pas de la diminution de fret causé par l'ouverture du chemin de fer.

Pendant quinze ans l'Etat et la colonie continueront à payer à la Compagnie la somme de 2.800.000 fr., qu'ils dépensent à l'heure actuelle pour leurs transports, mais que l'application des tarifs du chemin de fer devrait réduire à environ 500.000 fr. Que si même nous accordons que les transports faits pour le compte de la colonie et de l'Etat subissent une augmeatation, et qu'ils viennent à doubler, il restera malgré tout une annuité considérable à payer à la Compagnie. Cette annuité que l'on peut dès à présent évaluer, même en tenant compte d'une augmentation de transport considérable, à 1.800.000 fr. ou 2 millions, sera due quel que soit les résultats de l'entreprise. On peut donc évaluer à environ 30 millions la subvention qui sera accordée à la Compagnie, subvention remboursable, mais qui ne produira pas d'intérêts (¹).

Et cette subvention peut d'ailleurs rester longtemps dans les caisses de la Compagnie et y fructifier aux dépens du Trésor.

Le paragraphe 2 de l'art. 9 de la convention porte en effet que lorsque les recettes brutes, y compris le montant des transports garantis par la colonie et l'Etat auront atteint le chiffre de 24.000 fr. par kilomètre et tant qu'elles seront inférieures à 44.000 fr. la colonie et l'Etat prélèveront sur l'excédent de ces recettes au delà de 24.000 fr. une part de 50 p. 100 en remboursement des sommes payées pour insuffisance de transports garantis.

Mais ce minimum de recette exigé pour le remboursement des avances constitue pour la Compagnie une situation déjà prospère.

Si nous supposons, en effet, que le capital social de la Société est de 45 millions, et ce chiffre nous paraît assez près de la vérité (les nouvelles études du tracé de la voie, faites par M. le colonel Roques, indiquent que l'on s'était trompé dans la première évaluation des dépenses et que le chiffre de 30 millions était insuffisant), le ser-

---

(¹) Art. 9 de la convention : La différence entre la somme de 2.800.000 fr. et le montant du prix des transports réellement effectués, calculés dans les conditions ci-dessus indiquées, sera inscrite chaque année à un compte d'ordre non productif d'intérêts et dont le solde ne sera pas exigible autrement que par le remboursement sur les excédents de recettes brutes, comme il est expliqué plus loin.

vice des intérêts à 3 p. 100 et l'amortissement du capital exigent une somme annuelle d'environ 1.600.000 fr. La recette brute kilométrique est, d'après la convention, de 24.000 fr. ; on peut évaluer approximativement les frais d'exploitation à 58 p. 100 de la recette brute, ce qui laisse un bénéfice net par kilomètre de 10.000 fr., et pour les 200 kilomètres que comporte la ligne de Tananarive à Andevorante, la somme de 2 millions.

Cette somme suffit largement à la Société pour payer les intérêts de son capital et son amortissement; elle lui laisse même un excédent de 400.000 fr.

Et il n'est pas inutile de faire remarquer que nous ne tenons aucun compte de l'exploitation des 100.000 hectares de terre d'une part, et que, d'autre part, si nous sommes au delà de la quinzième année, la Compagnie pourra encore avoir à son actif tout ou partie des 30 millions qui lui auront été versés comme prix de transports garantis et qui entre ses mains seront productifs d'intérêts.

Donc, pour nous résumer, nous faisons à ce projet les deux griefs suivants :

1° L'Etat et la colonie auront conjointement à verser à la Compagnie une somme totale d'environ 30 millions, en quinze annuités, et cela d'une façon ferme.

2° Cette somme de 30 millions, non productive d'intérêts, peut rester pendant de longues années entre les mains de la Compagnie.

Il nous semble que du moment que le gouvernement

consentait à donner une garantie, il eut été plus simple et plus avantageux de recourir à la garantie d'intérêts, quitte à en faire une équitable et juste application.

Il n'est pas douteux, en effet, que notre colonie de Madagascar ne soit appelée à un grand avenir. La création d'un chemin de fer dans l'Emyrne, si riche et si fertile, desservant la vallée du Mangoro, de l'Iharoka, ne peut être qu'une excellente entreprise. Dès lors, sans aller jusqu'à dire que la garantie d'intérêt accordée à la Compagnie concessionnaire ne serait qu'une garantie nominale, on peut certainement espérer au bout de peu d'années un trafic suffisant pour permettre à la Société de faire personnellement le service de ses actions et de ses obligations.

La vaste étendue de terres concédées à la Société d'études et d'exploration de Madagascar, en même temps que la grandeur du périmètre réservé pour faire son choix avaient soulevé des critiques tant dans la colonie de Madagascar que dans le Parlement.

Le Ministre avait tenu compte de ces critiques, comme il s'était efforcé, pour la garantie de trafic, de vaincre les hésitations des financiers.

La dotation de terre se montait seulement à 100.000 hectares au lieu de 520.000, et le périmètre réservé était réduit de moitié.

Toutefois, au cas où le concessionnaire n'aurait pas bénéficié de la réserve de l'art. 1, § 2, l'autorisant à ne construire la deuxième section de la ligne entre Andevorante et Tamatave, que lorsque le trafic annuel kilométrique aurait atteint 44.000 fr., il devait lui être fait une nouvelle dotation de 200.000 hectares, soit en tout, pour le trajet complet de Tamatave à Tananarive, 300.000 hectares.

Nous avons dit déjà à plusieurs reprises combien étaient élevés à Madagascar les prix des transports par bourjanes et les facilités que devait apporter au transit l'application des nouveaux tarifs. Si nous revenons sur cette question, c'est que le cahier des charges apportait sur ce point quelques améliorations à la précédente convention.

Le tarif pour le transport des marchandises en petite vitesse était en effet ainsi fixé :

I. A l'importation et pour le trafic local :

1re catégorie : 1 fr. par tonne et par kilomètre.

2e catégorie : 0 fr. 75 par tonne et par kilomètre.

3e catégorie : 0 fr. 50 par tonne et par kilomètre.

II. A destination de Tamatave ou de tout autre point d'exportation :

1re catégorie : 0 fr. 75 par tonne et par kilomètre.

2e catégorie : 0 fr. 50 par tonne et par kilomètre.

3e catégorie : 0 fr. 25 par tonne et par kilomètre.

Si l'on se reporte aux tarifs de la première convention et que nous avons analysés, on voit que ceux-ci supportent une réduction pour le trafic d'exportation (1)

(1) Nous avons vu que le même principe a été adopté par la Compagnie du chemin de fer du Congo belge.

d'un quart pour les marchandises classées dans la première catégorie, d'un tiers pour celles de la deuxième catégorie et de moitié pour la troisième. En outre, un tarif spécial de 0 fr. 10 par tonne et par kilomètre était établi pour le riz à l'exportation.

CONCESSION ÉVENTUELLE DU CANAL DES PANGALANES

Le trajet de Tananarive à Tamatave avait été divisé en deux parties : l'une allant de Tananarive à la mer, Andevorante, par exemple, et l'autre reliant ce point terminus à Tamatave.

Cette seconde partie, empruntant la voie navigable dite des Pangalanes, est formée par des lagunes qui bordent la mer, ce qui permet d'éviter ou tout au moins de retarder la construction du chemin de fer sur une longueur de 110 kilomètres.

Un décret du 6 octobre 1897 avait accordé à la Compagnie française de Madagascar la construction du canal des Pangalanes. Il y avait lieu toutefois de garantir le concessionnaire de la ligne de Tananarive à la mer contre les retards pouvant se produire dans l'exécution du canal au cas où le concessionnaire actuel renoncerait à sa construction, aussi l'art. 13 de la convention accordait à la Compagnie à titre éventuel la concession du canal, au cas ou celle-ci serait abandonnée par le concessionnaire actuel.

Enfin on prévoyait la concession éventuelle d'un port

auquel on affectait une dotation de terres de 10.000 hectares.

Telle était dans ses grandes lignes la nouvelle convention, portant concession du chemin de fer de Tananarive à la mer et qui ne différait de la précédente que par les points particuliers que nous avons examinés.

Elle n'a pas eu d'ailleurs un plus grand succès.

Des difficultés de nature diverse, provenant cette fois des exigences de la Société concessionnaire, ont empêché le projet d'aboutir.

Actuellement les études du tracé ont été complétées par M. le colonel Roques, et dans son rapport sur la situation générale de Madagascar, M. le général Gallieni exprime l'intention de la colonie de demander au gouvernement l'autorisation de contracter un emprunt de 50 millions pour faire face aux frais de l'entreprise.

Les travaux sont, à l'heure actuelle, concédés par parties à différents entrepreneurs, mais les différents cahiers des charges ne sont pas encore livrés à la publicité.

CHAPITRE X

Nous avons examiné au cours de cette étude les différentes façons par lesquelles le concours de l'Etat s'est jusqu'à présent manifesté dans les entreprises de travaux publics aux colonies, il nous reste à conclure et à définir la combinaison financière la plus propre à sauvegarder à la fois les intérêts de l'Etat et ceux de la colonisation.

Il est difficile de répondre d'une façon absolue à une question aussi complexe. Chaque système peut, en effet, se défendre suivant les circonstances de fait et les conditions de son application. Le principe de la garantie d'intérêts, par exemple, ne peut être condamné *à priori :* il sera bon ou mauvais, suivant les conditions auxquelles la garantie aura été consentie. Les dotations de terres, qui ont donné de si beaux bénéfices aux Compagnies américaines, n'inspireront qu'une médiocre confiance aux capitaux, si les travaux à entreprendre et les terres concédées sont situées dans des colonies tropicales.

Aussi bien sans vouloir donner à ce problème une solution absolue, nous ne retiendrons que deux procédés, qui nous ont paru répondre, dans les conditions spéciales que nous examinerons, au double but que nous poursuivons : le développement de la colonisation avec le minimum de dépenses pour l'Etat.

Ces deux procédés sont, d'une part, la garantie d'intérêts, et, d'autre part, la construction directe par l'Etat de tout ou partie des travaux.

Mais tout d'abord il est une question préliminaire à trancher.

Le concours de l'Etat est-il absolument nécessaire dans l'exécution des travaux publics aux colonies ?

A cette question, on peut répondre d'une façon affirmative, et il ne semble pas qu'il soit possible de compter exclusivement sur l'initiative privée. La raison en est simple, et il ne faut la chercher que dans la timidité des capitaux qui se refusent à s'engager, un peu à l'aventure, dans des entreprises aussi considérables.

Quand on pense que même en France, où le tracé et la construction de la voie ne pouvaient causer que peu ou point de surprises, ou le fret même était susceptible d'une évaluation à peu près certaine, il a fallu, en raison de la nouveauté et de l'importance des travaux, l'intervention et la garantie financière de l'Etat pour décider l'industrie privée à entreprendre la construction des chemins de fer, il n'y a pas lieu de s'étonner de rencontrer les mêmes résistances, les mêmes hésitations quand il s'agit de travaux publics aux colonies.

Ici, en effet, les conditions générales de l'entreprise paraissent encore moins favorables, car il faudra compter avec la nature, le climat, la difficulté et l'élévation du prix des transports, la rareté de la main-d'œuvre, souvent même il faudra créer le trafic. Aussi jusqu'à présent, les capitaux français se sont-ils montré réfractaires à toute émigration vers les colonies, quand il s'est agi de la construction de grands travaux publics à entreprendre sans le concours financier de l'Etat.

Cette timidité des capitaux est d'ailleurs générale. Si l'on parcourt en effet les différentes conventions portant concession de travaux publics, et particulièrement de chemins de fer dans le continent africain, on voit que les Compagnies concessionnaires n'ont entrepris ces travaux qu'avec de sérieuses garanties pécuniaires.

Le chemin de fer de l'Angola portugaise, reliant Loanda à Ambaca-Lucalla, a été construit avec une double garantie. Le gouvernement a accordé un intérêt de 6 p. 100 au capital de construction et il s'est de plus engagé à payer à la Compagnie la différence entre la recette kilométrique réelle et une somme forfaitaire de 6.666 fr.

La Compagnie des chemins de fer du Zambèze a sollicité du gouvernement portugais l'autorisation de construire une ligne reliant Quilimane à Ruo, mais sous réserve d'une garantie d'intérêt de 3 p. 100. Le gouvernement a accepté et la ligne a été construite dans les conditions suivantes :

1° Garantie de 3 p. 100, prélevée sur les recettes douanières de Quilimane.

2° Abandon par l'Etat du droit perçu par lui sur les marchandises transitant par la colonie ; cet abandon est limité à la période d'amortissement du capital qui est de 35 millions (¹).

3° Subvention annuelle de l'Etat qui ne pourra provenir que de l'excédent des recettes des douanes du Zambèze sur la moyenne des années 1893 à 1895.

Cette subvention ne sera accordée que si l'excédent a lieu réellement et si les recettes de la Compagnie ne suffisent pas à régler les intérêts et l'amortissement du capital.

Au Cap, on retrouve des garanties analogues accordées aux Compagnies concessionnaires.

La plus importante des lignes du Cap, qui possède plus de 4.000 kilomètres de voie ferrée, est la grande voie de pénétration qui part de la mer à Cape-Town, traverse le Cap, le Bechuanaland, les territoires de la Chartered Company, le Matabeleland et aboutit à Buluwayo. Cette ligne, qui ne mesure pas moins de 2.500 kilomètres, a été construite par des moyens financiers divers.

(¹) La période d'amortissement est limitée à 65 ans.

La partie qui est située sur le territoire même du Cap a été construite, comme d'ailleurs les autres lignes de la colonie, par le gouvernement et à ses frais ; il en est de même pour la partie s'étendant au delà de la colonie jusqu'à Kimberley et jusqu'à Vriburg. Mais à partir de Vriburg jusqu'à Buluwayo la ligne a été construite par la Compagnie « Bechuanaland Railway Company ».

Le capital nécessaire à l'exécution de ce dernier tronçon est de 50 millions qui ont été fournis par des obligations à 5 p. 100.

Le service des intérêts exige donc une somme annuelle de 2.500.000 fr., soit 100.000 l. st., qui est doublement garantie.

D'une part, en effet, la Chartered-Company garantit pendant vingt années le montant intégral des intérêts, soit 100.000 l. st. ; d'autre part, le gouvernement impérial accorde à la Compagnie une subvention annuelle de 20.000 l. st. à laquelle la Chartered-Company ajoute 10.000 l. st.

Enfin, le chemin de fer et 8.000 milles carrés de terres dans le Protectorat de Bechuanaland forment la garantie des obligataires.

Dans l'Inde, l'Angleterre n'a pas agi autrement, et quand les chemins de fer n'ont pas été construits par l'Etat, celui-ci est intervenu dans le contrat de concession pour garantir les intérêts des capitaux engagés.

Les systèmes qualifiés de *régime de la soi-disant ini-*

tiative privée et de *régime de la pure initiative privée*
ont été ainsi dénommés par opposition au système
généralement employé de la construction par l'Etat.
Ces expressions signifient donc seulement que la construction du chemin de fer est concédée à une Compagnie et, en fait, toutes les conventions de chemins de
fer comportent une garantie d'intérêts de la part de
l'Etat ([1]).

Enfin nous avons vu dans un précédent chapitre
l'intervention pécuniaire du gouvernement belge dans
la construction du chemin de fer de Matadi à Stanley-
Pool, et combien cette intervention, qui s'est manifestée
à plusieurs reprises, a contribué puissamment au succès
de l'entreprise.

De ces exemples et des considérations que nous
avons exposées précédemment, il semble bien que l'on
soit en droit de conclure à la nécessité de l'intervention de l'Etat dans la construction des travaux publics
aux colonies, soit qu'il les exécute directement, ou que,
faisant appel aux capitaux privés, il donne à ces derniers de sérieuses garanties ([2]).

([1]) V. les chemins de fer de l'Inde anglaise (Chailley-Bert, *Quinzaine
coloniale*, 1899).

([2]) Il n'y a pas à distinguer, au point de vue du principe, si c'est la
colonie ou la Métropole qui intervient; toutefois, dans cette étude, nous
n'avons envisagé que l'intervention de l'Etat, en tant que Métropole. Il
est utile de signaler le cas des chemins de fer indo-chinois qui sont construits directement par la colonie, avec les ressources provenant d'un
emprunt qu'elle a fait directement sans la garantie de l'Etat.

Les modes d'intervention de l'Etat peuvent se ranger, selon nous, en trois groupes distincts, à savoir :

1° Garantie d'intérêts accordée à des emprunts faits par la colonie ;

2° Garanties accordées aux Compagnies privées, concessionnaires des travaux ;

3° Exécution directe par l'Etat.

I. GARANTIE D'INTÉRÊT ACCORDÉE A DES EMPRUNTS FAITS PAR LA COLONIE POUR L'EXÉCUTION DE TRAVAUX PUBLICS

Les partisans de ce mode d'intervention de l'Etat sont nombreux, car ce procédé paraît présenter certains avantages à la colonie, en même temps qu'il ménage les intérêts de la Métropole.

La garantie de l'Etat assure, en effet, à la colonie des conditions d'emprunt moins onéreuses et lui permet ainsi d'inscrire à son budget des annuités moins fortes. Comme conséquence, la colonie pourra prendre à sa charge certaines dépenses incombant encore à la Métropole qui bénéficiera ainsi de la réduction du taux de l'intérêt que sa garantie seule peut permettre d'obtenir.

D'ailleurs, quand bien même la garantie n'est pas nettement spécifiée, elle n'en existe pas moins virtuellement pour l'Etat qui, en refusant de s'engager, grève le budget de la colonie, et, partant, le sien propre et ne laisse pas que d'encourir, malgré tout, certaines responsabilités.

Cette argumentation n'est pas sans réplique.

Et d'abord il n'est pas prouvé que la colonie ait plus d'intérêt à recourir à la garantie de l'Etat qu'à emprunter directement et personnellement. Il est en effet important pour une colonie de créer son crédit personnel et, d'autre part, l'élévation du taux de l'intérêt de l'emprunt aura comme contre-partie l'émigration vers la colonie de nombreux capitaux qui contribueront à son développement et à sa prospérité.

C'est d'ailleurs une erreur de croire que la garantie de l'Etat, en diminuant l'annuité inscrite au budget de la colonie, aura comme conséquence de réduire la subvention annuelle que l'Etat lui fournit. Il faudrait, pour conserver de semblables illusions, ignorer que ce ne sont pas précisément des principes d'ordre et d'économie qui président à l'établissement des budgets coloniaux, sur lesquels il est difficile d'exercer un contrôle. C'est bien le contraire qui est à craindre, et il y a tout lieu de supposer « que la garantie d'intérêts ne se traduirait pas par une diminution des sacrifices, que la Métropole consent en faveur de la colonie, mais par leur consolidation sinon par leur augmentation » (¹).

Enfin sur la question des obligations virtuelles de l'Etat, il est utile de faire remarquer que, sans la clause de garantie, l'Etat est seul juge de son intervention.

Comme conclusion, nous pensons qu'il faut rejeter

(¹) Rapport de M. Doumergue, député, sur le projet de loi relatif aux chemins de fer de l'Indo-Chine, 1898.

le système des emprunts comme moyen financier à employer dans l'exécution des travaux publics, quand la colonie ne peut les émettre sans le concours de la garantie de l'Etat. Ce procédé présente certainement des avantages pour la colonie, mais il a le grave inconvénient d'augmenter non moins sûrement les charges du Trésor.

II. GARANTIES ACCORDÉES AUX COMPAGNIES PRIVÉES, CONCESSIONNAIRES DES TRAVAUX

L'intervention de l'Etat, au cas de concession des travaux à une Compagnie privée, peut se manifester de diverses façons.

L'Etat peut accorder des dotations de terres, participer comme actionnaire aux opérations de la Compagnie, consentir des prêts, donner des subventions en argent, enfin garantir à la Compagnie un revenu minimum.

1° *Dotation de terres.* — Nous avons assez longuement parlé, au cours de cette étude, de la « dotation de terres » pour qu'il soit inutile d'y revenir autrement que pour rappeler les conclusions que nous avons déjà formulées. Il y a, nous l'avons dit, une distinction essentielle à faire entre les colonies d'exploitation et les colonies de peuplement. Dans ces dernières, la dotation de terres peut être considérée par les Compagnies concessionnaires des travaux comme un appoint sérieux, et devenir même, grâce à la plus-value et à la revente des terres, la source de bénéfices considérables (¹).

Dans les colonies d'exploitation, au contraire, elle ne paraît pas donner des garanties appréciables. En effet, la Compagnie ne pourra trouver un bénéfice que dans l'exploitation des terres qui lui seront concédées et dès lors elle sera obligée d'avoir un capital de premier établissement sensiblement plus élevé, ce qui augmentera le chiffre des intérêts intercalaires et les charges générales de l'entreprise. Puis à un autre point de vue, il sera plus difficile de réunir les capitaux nécessaires, si, aux aléas de la construction et de l'exploitation des travaux, viennent s'ajouter ceux d'une exploitation agricole.

En résumé, nous ne croyons pas ce procédé susceptible d'application fréquente, en raison du peu de garanties qu'il offre aux Compagnies.

2° *Participation de l'Etat comme actionnaire. — Subventions en argent. — Prêts.* — On ne peut nier les avantages que présentent, pour les Compagnies, ces trois modes d'intervention de l'Etat, mais il est non moins certain que ces procédés grèvent le Trésor de charges considérables.

Tout d'abord, « la subvention en argent » a l'incon-

(¹) Voir à ce sujet les chiffres cités dans l'exposé des motifs du projet de loi portant approbation de la convention du 8 janvier 1897, au sujet de la concession d'une route à péage de Fianarantsoa à la mer (Annexes de la Chambre des députés, 1897, n. 2187).

vénient d'imposer des sacrifices à l'Etat sans compensation ultérieure et d'offrir, au détriment de la bonne administration des travaux, un élément à la spéculation.

« Le prêt » fait sortir l'Etat de son rôle qui n'est pas de servir de banquier aux Compagnies.

Enfin, « la participation de l'Etat comme actionnaire » établit plus sûrement le crédit de la Société, elle permet de donner une vive impulsion aux travaux par la possibilité pour l'Etat de verser immédiatement sa souscription, mais elle fait peser sur l'Etat une grave responsabilité et l'oblige moralement à faire face aux suppléments de dépense dans le cas d'une mauvaise exploitation et expose en conséquence le Trésor à des risques considérables.

Nous pensons que si l'Etat est décidé à intervenir effectivement par son argent, il est préférable pour lui de rejeter ces modes d'intervention qui ont le tort d'exiger de lui un sacrifice immédiat, certain et généralement considérable, pour recourir, dans les conditions spéciales que nous allons indiquer, à la garantie d'intérêts.

3° *Garantie d'intérêts.* — La garantie d'intérêts est l'objet, en ce moment en France, d'une défaveur marquée, et justifiée, semble-t-il, par les applications malheureuses qui en ont été faites, spécialement aux colonies.

Nous avons examiné, au début de cette étude, les

conditions déplorables dans lesquelles elle avait été accordée à l'entreprise du chemin de fer de Dakar à Saint-Louis; toutefois, en dehors d'une application aussi désastreuse, on peut faire à la garantie d'intérêts d'autres reproches d'ordre plus général et que nous allons examiner.

Ce qui caractérise le contrat de garantie d'intérêts dans les applications faites jusqu'à ce jour, c'est, d'une part, la garantie d'un certain revenu minimum au capital de premier établissement évalué à un chiffre déterminé(¹) et, d'autre part, le caractère d'avances remboursables, avant toute distribution de dividendes, donné aux appoints fournis par l'Etat pour suppléer à l'insuffisance des recettes.

Ces deux caractères sont le vice même du système.

« Il est remarquable, à cet égard, dit M. Colson, de voir avec quelle facilité les pouvoirs publics ont toujours été prêts à garantir un revenu fixe à l'affaire la plus mauvaise, et quelle répugnance ils ont au contraire à laisser aux promoteurs d'une entreprise garantie la chance de réaliser des bénéfices, le jour où l'affaire s'améliorera, sans attendre que l'Etat soit complètement indemne. De ces deux tendances est né le compte courant de la garantie, qui est la plaie de notre régime des chemins de fer » (²).

(¹) Peu importe que le capital ait été ou non entièrement dépensé.

(²) Colson, *Les chemins de fer et le budget.*

Il est en effet évident que dans les conditions que nous venons d'examiner la Compagnie n'a aucun intérêt à augmenter son trafic, puisque l'augmentation de recette qui pourrait en résulter ne lui sera d'aucun profit et servira au remboursement des avances précédemment faites par l'Etat.

Dès lors, n'ayant pas de bénéfice à attendre du trafic, au moins avant un temps éloigné, la Compagnie en cherchera, au détriment de l'Etat, dans la construction de la voie, et dans la diminution des frais d'exploitation.

Dans la construction : si nous supposons le capital de premier établissement fixé à 50 millions, la Société construira en ne dépensant que 40 ou 45 millions et pourra ainsi réaliser une économie de 5 ou 10 millions sur lesquels porteront néanmoins la garantie de l'Etat.

Dans la diminution des frais d'exploitation : généralement les frais d'exploitation sont déterminés, au point de vue du calcul de la garantie, par une formule forfaitaire. Si le montant des frais réels d'exploitation est inférieur à celui des frais calculés d'après la formule, la Compagnie bénéficie de la différence. Comme ce bénéfice est, nous l'avons vu, le seul qu'elle puisse retirer de l'exploitation, elle cherchera à l'augmenter par une diminution exagérée des frais d'exploitation, même au détriment du développement du trafic, dont elle n'a aucun souci.

Dans ces conditions, les intérêts de la Compagnie

étant opposés à ceux de l'Etat, il devient évident, à moins que le trafic n'augmente par la force des choses, que le montant de la garantie constitue en fait, au profit de la Compagnie, une véritable annuité perpétuelle qui ne prendra fin qu'avec la concession.

Cette situation n'est pas toutefois sans remède et nous pensons qu'il est possible de déterminer pour la garantie d'intérêts un mode d'application qui mette d'accord les intérêts de l'Etat et ceux de la Compagnie.

Voici quelles seraient les améliorations à apporter au régime de la garantie d'intérêts, tel qu'il est actuellement pratiqué.

Tout d'abord, le capital de premier établissement, réellement et effectivement dépensé, entrerait seul en compte dans le calcul de la garantie. Le prix des travaux serait évalué comme par le passé, mais le chiffre fixé d'après les devis approuvés, ne constituerait plus un forfait mais un maximum qui ne pourrait être dépassé. On pourrait même intéresser la Compagnie à faire des économies de construction, en imputant ces économies non sur l'ensemble du capital, mais seulement sur le capital-actions (¹).

De cette façon, dans le cas d'économies réalisées, la garantie porterait sur un chiffre moindre, mais la Compagnie trouverait de son côté une compensation dans l'augmentation des dividendes. Supposons en effet le

(¹) Sous la réserve de la somme légale minimum que doit fournir le capital-actions.

montant des dépenses évalué à 30 millions se répartissant en 20 millions d'obligations et 10 millions d'actions ; si les dépenses réelles se montent à 25 millions, il ne sera fait appel au capital-actions que pour 5 millions ; dès lors, si les recettes nettes produisent un supplément de dividende, le taux de ce dividende sera double en réalité, puisqu'il sera afférent à une action de 500 fr. sur laquelle il n'aura été versé que 250 fr. (¹).

Le même principe que nous venons d'examiner devrait être appliqué aux dépenses d'exploitation, et dans le calcul des recettes nettes et de la garantie il ne serait fait état que des dépenses réelles d'exploitation (²).

Ce procédé permet à l'Etat, cela est évident, de faire de sérieuses économies en même temps qu'il empêche les Compagnies de rechercher des bénéfices nuisibles au bon fonctionnement de l'entreprise ; mais cela est encore insuffisant, et pour écarter les inconvénients que nous avons signalés plus haut, il faut intéresser directement et immédiatement la Compagnie à la prospérité de son œuvre.

Pour cela, il n'y a qu'un moyen : c'est de donner à la Compagnie une prime sur les recettes nettes de l'ex-

---

(¹) V. Lettre d'un abonné. *Quinzaine coloniale*, avril 1899.

(²) On sait comment se calcule le montant de la garantie d'intérêts : du montant des recettes brutes on retranche le montant des frais d'exploitation ; si la recette nette ainsi obtenue est insuffisante pour couvrir les intérêts stipulés pour le capital dans le contrat de garantie, l'Etat parfait la somme.

ploitation, alors même qu'elle fait encore appel à la garantie ou que, n'y ayant plus recours, elle n'ait pas encore effectué l'entier remboursement des avances qui lui ont été faites.

De cette façon la Compagnie, directement intéressée dans les bénéfices, s'emploiera à augmenter le trafic et à apporter toutes les améliorations utiles aux succès de l'entreprise ; et dans ces conditions la garantie d'intérêts au lieu de créer pour la Compagnie ce régime que l'on a si bien dénommé « régime de la régie désintéressée », sera la base d'un contrat dans lequel les deux contractants seront unis dans une même communauté d'intérêts.

Nous pensons que la garantie d'intérêts, ainsi appliquée, peut être un excellent moyen d'intervention de l'Etat.

III. EXÉCUTION DIRECTE DES TRAVAUX PAR L'ÉTAT

Ce mode d'intervention, dont nous avons vu une application dans la construction du chemin de fer du Soudan, nous paraît le seul économique dans la construction des lignes non productives (¹).

L'Etat a d'ailleurs entre les mains d'excellents éléments qui lui permettent de construire dans de bonnes

---

(¹) Nous appelons lignes non productives celles qui sont des lignes stratégiques, ou de conquête comme l'était au début la ligne de Kayes à Bafoulabé. La ligne de Dakar à Saint-Louis est une ligne productive.

conditions. C'est d'abord le 5ᵉ régiment du Génie qui lui fournit un personnel capable, instruit, dont la relève s'opère d'une façon régulière, relativement peu coûteux et qui a maintenant une grande expérience des entreprises coloniales.

Quant à la main-d'œuvre, l'Etat peut y pourvoir soit par des prestations imposées aux indigènes, soit encore par l'utilisation de la main-d'œuvre pénale (¹).

La construction directe par l'Etat nous paraît encore susceptible d'une application restreinte, même dans la construction des lignes productives.

On peut se demander en effet, devant les heureux résultats obtenus depuis quelques années au Soudan, s'il ne serait pas avantageux pour l'Etat de reprendre dans les colonies le système autrefois employé dans la construction de certaines lignes du réseau français, qui consiste dans l'établissement par l'Etat des travaux d'infrastructure.

Les grandes lignes d'une telle convention pourraient être les suivantes :

1º Exécution par l'Etat des travaux d'infrastructure.

2º Exécution par la Compagnie des travaux de superstructure et service d'exploitation.

3º Garantie accordée par l'Etat au capital social. Cette garantie pourrait être soit la garantie d'intérêts dans les conditions que nous avons déterminées, soit une dota-

---

(¹) Voir sur l'utilisation de la main-d'œuvre pénale et les colonnes mobiles, M. Pain, *Colonisation pénale,* p. 205 sq.

tion de terres. Peut-être, en effet, en raison de la diminution du capital social, pourrait-on employer cette combinaison.

4° Participation de l'Etat aux bénéfices dans une mesure à déterminer.

Ce procédé pourra, suivant les cas, présenter pour l'Etat plus d'avantages qu'une garantie d'intérêts pure et simple. Il y a là une question de fait.

Quoi qu'il en soit, chacun des procédés que nous avons indiqués laissent des risques à la charge de l'Etat.

Il reste donc à savoir si l'Etat doit malgré tout participer aux entreprises de travaux publics, ou, ce qui revient au même, puisque nous avons vu que les capitaux privés refusaient de s'engager sans le concours de l'Etat, ces entreprises sont-elles nécessaires?

Nous avons répondu à cette question au début de cette étude.

Nous avons en effet examiné les causes du mouvement colonial de ces vingt dernières années et nous avons vu la tendance des différents peuples à se suffire eux-mêmes et à se réserver leurs marchés. Les nations d'Europe ont concentré leurs efforts dans la lutte économique, et n'ont pas cessé de se faire une continuelle guerre de tarifs; nous en avons conclu la nécessité de préparer aux générations de demain des marchés coloniaux.

Certes la France, étant donné l'étendue et la diversité de son domaine colonial, peut prévoir et affronter

en toute sécurité les éventualités économiques du
xxe siècle, mais à la condition expresse de mettre ces
territoires en valeur.

Cette mise en valeur sera coûteuse, et notamment la
construction des travaux publics sera peut-être pour
l'Etat la cause de lourdes charges, mais c'est là une
nécessité à laquelle on ne peut échapper.

Sans doute l'Etat peut chercher, et nous venons de
le faire avec lui, à diminuer ces charges, mais il ne
peut s'y soustraire sans manquer au plus strict de ses
devoirs qui est, en veillant au présent, de préparer
l'avenir.

Vu par le président de thèse,
LÉVEILLÉ.

Vu : *Le Doyen,*
GLASSON.

Vu et permis d'imprimer :
Le Vice-Recteur de l'Académie de Paris,
GRÉARD.

BIBLIOGRAPHIE

Bonassieux. — Les grandes Compagnies de colonisation.

Cauwès. — Economie politique.

— Les nouvelles Compagnies privilégiées de colonisation.

Chailley-Bert. — La colonisation de l'Indo-Chine. Faites des chemins de fer (série d'articles dans la *Quinzaine coloniale*).

Colson. — Les chemins de fer et le budget.

Demartial. — Le domaine aux colonies.

Distère. — Traité de législation coloniale.

Dubois (P.). — Les chemins de fer aux Etats-Unis.

Girault. — Principes de la colonisation et de législation coloniale.

Hamelin. — Concessions coloniales.

Lanessan (de). — L'Indo-Chine. Principes de colonisation. Les grandes concessions (*Revue diplomatique et coloniale*).

Lavertujon. — Rapport au Sénat sur les grandes Compagnies de colonisation.

Leroy-Beaulieu. — De la colonisation chez les peuples modernes.

Léveillé. — Les Compagnies souveraines de colonisation.

Mille (P.). — Au Congo Belge.

Pain. — Colonisation pénale.

Pauliat. — Politique coloniale de l'ancien régime. Rapport au Sénat sur des Compagnies privilégiées de colonisation.

Picard. — Traité des chemins de fer.

Rambaud. — La France coloniale.

Wanters. — L'Etat indépendant du Congo.

Chemin de fer de la Réunion.

Exposé des motifs, rapports déposés lors de l'approbation de la convention de concession.

Discussion à la Chambre et au Sénat. Spécialement le rapport de M. Labapié, et en 1889, le rapport de M. Arthur Leroy.

Budgets annexes du chemin de fer et du port de la Réunion, de 1888 à 1899. Spécialement les rapports sur ces budgets de MM. Turrel, Siegfried, Bertrand.

Chemin de fer de Dakar à Saint-Louis.

Exposé des motifs des amiraux Jauréguiberry et Cloué.
Rapports de MM. Blandin et Brun.
Rapport de M. Fonbelle, 1889.
Débats parlementaires.
Budgets du Ministère des colonies.
Comptes rendus des assemblées générales de la Compagnie du chemin de fer de Dakar à Saint-Louis.

Chemin de fer du Soudan.

Exposé des motifs des amiraux Jauréguiberry et Cloué.
Rapports de MM. Brun et Blandin.
Capitaine Corps, capitaine Calmel, brochure sur le chemin de fer.
Rapports sur les budgets annexes du Soudan, par MM. Siegfried, Riotteau, Le Hérissé.

Chemins de fer de Madagascar.

Exposé des motifs de M. Lebon.
Rapport de M. Descubes sur le projet de route de Fianarantsoa à la mer.
Discussions à la Chambre.

Journaux et Revues.

Journal officiel de la République française.
Bulletin officiel des colonies.
Quinzaine coloniale.
Politique coloniale.
Revue diplomatique et coloniale.
Economiste français.
Documents divers de l'union coloniale.

23,438. — Bordeaux, Y. Cadoret, impr., rue Poquelin-Molière, 17.

www.ingramcontent.com/pod-product-compliance
Ingram Content Group UK Ltd.
Pitfield, Milton Keynes, MK11 3LW, UK
UKHW022346090726
13658UKWH00002B/503